Heinz-E. Klockhaus
Buchführung für Ahnungslose

Für AHNUNG?LOSE

In dieser Reihe sind bisher erschienen:

Yára Detert / Christa Söhl, **Statistik** und Wahrscheinlichkeitsrechnung für Ahnungslose
Yára Detert, **Mathematik** für Ahnungslose
Werner Junker, **Physik** für Ahnungslose
Katherina Standhartinger, **Chemie** für Ahnungslose
Katherina Standhartinger, **Organische Chemie** für Ahnungslose
Antje Galuschka, **Biochemie** für Ahnungslose
Christa Söhl, **Biologie** für Ahnungslose
Michaela Aubele, **Genetik** für Ahnungslose

Heinz-E. Klockhaus

BUCHFÜHRUNG

für Ahnungslose

Eine Einstiegshilfe

von Heinz-E. Klockhaus, Hückeswagen

S. Hirzel Verlag Stuttgart

Heinz-E. Klockhaus
Höhenweg 3
42499 Hückeswagen
info@klockhaus-textdichter.de

Bibliografische Information der Deutschen Nationalbibliothek
Die Deutsche Nationalbibliothek verzeichnet diese Publikation in der Deutschen Nationalbibliografie;
detaillierte bibliografische Daten sind im Internet über http://dnb.d-nb.de abrufbar.

ISBN: 978-3-7776-2099-2

Jede Verwertung des Werkes außerhalb der Grenzen des Urheberrechtsgesetzes ist unzulässig und strafbar.
Dies gilt insbesondere für Übersetzung, Nachdruck, Mikroverfilmung oder vergleichbare Verfahren sowie für
die Speicherung in Datenverarbeitungsanlagen.

© 2011 S. Hirzel Verlag, Birkenwaldstraße 44, 70191 Stuttgart
Printed in Germany
www.hirzel.de

Satz: Claudia Wild, Konstanz
Druck: Djurcic, Schorndorf
Umschlaggestaltung: deblik, Berlin
Umschlagfoto: Beate Bussenius, Magdeburg

Vorwort – Buchführung ist kinderleicht

Dieses Buch war genauso wenig geplant wie ein Nachhilfeschüler. Wie es dazu kam, lässt sich mit wenigen Worten erzählen. Es war ein schöner Spätsommernachmittag. Da lag immer noch das Anzeigenblatt ungelesen auf dem Tisch, und ich hatte kaum etwas von der Schönheit des Tages mitbekommen. Es war ein spontaner Entschluss von mir, mich mit einer Tasse Kaffee, dem schnurlosen Telefon und der Zeitung in den Garten zu setzen.

Lesen Sie auch so gerne die Kleinanzeigen? Eigentlich interessieren sie mich gar nicht. Aber ich lese sie. Und so las ich an diesem sonnigen Tag im Garten auch diese: *„Kompetente Nachhilfe in Rechnungswesen (Grundkenntnisse f. Bürokauffrau) dringend gesucht."* Dahinter stand eine Telefonnummer. Für kompetent halte ich mich, aber ich habe nie darüber nachgedacht, geschweige denn es geplant, Nachhilfe in Rewe (Rechnungswesen) zu geben. Ja, vor vielen Jahren habe ich mal einer kleinen Gruppe gestandener Herren die Grundkenntnisse der kaufmännischen Buchführung vermittelt. Ich glaube, darunter war ein Lokalbesitzer, ein Kinobesitzer ... Jedenfalls wollten sie bei mir Buchführung lernen, und sie waren wohl auch mit meiner Arbeit zufrieden. Ansonsten hatte ich vorwiegend beruflich mit dem Rechnungswesen zu tun. Da allerdings auch mit der Vermittlung von Kenntnissen an angehende Industriekaufleute, Bürokaufleute und Kommunikationskaufleute. Ach ja, und den Mitarbeitern aus dem öffentlichen Dienst, die bis dato noch die Kameralistik für ihre Aufzeichnungen angewandt hatten, habe ich bei Einführung der kaufmännischen Buchführung auch die dazu erforderlichen Fähigkeiten vermittelt. Insbesondere meine letzten Berufsjahre verbrachte ich als Leiter der Buchhaltung und gleichzeitig Ausbildungsleiter für Kaufleute, führte nebenbei innerbetriebliche Schulungen durch und saß im Prüfungsausschuss der Industrie- und Handelskammer. So weit meine diesbezüglichen praktischen Erfahrungen, die mich neben den vorhandenen theoretischen Kenntnissen im Rechnungswesen dazu bewogen haben, mich für *„kompetent"* zu halten. Dass ich Fachartikel über die Deckungsbeitragsrechnung und sieben Bücher über das kaufmännische Rechnungswesen in Krankenhäusern geschrieben habe, sei der Vollständigkeit halber erwähnt.

Ich las also besagtes Inserat, griff dann zu dem auf dem Gartentisch neben meiner Kaffeetasse liegenden Telefon und wählte – ohne nachzudenken – die dort angegebene Nummer. Was ich mir dabei gedacht habe, weiß ich selbst gar nicht so genau. Wahrscheinlich wollte ich nur sagen: „Ich könnte das, was Sie da suchen." So ähnlich habe ich mich dann wohl auch am Telefon verhalten. „Sie suchen eine kompetente Nachhilfe?" – „Ich bin die Mutter." Ich stellte mich der Mutter vor, erzählte ihr auch, wie spontan eigentlich mein Anruf erfolgt ist und dass ich eigentlich gar keine Nachhilfe erteile. „Aber wenn ich Ihrer Tochter das Rechnungswesen erkläre, dann kann sie es!" Meine Selbstdarstellung hat der Mutter wohl gefallen. „Meine Tochter wird sich auf jeden Fall bei Ihnen melden."

Die Tochter war Vanessa, und sie meldete sich auch bei mir. Da hatte ich schon ein bisschen Abstand zu dem Gespräch mit der Mutter, und ich saß auch nicht mehr gemütlich mit einer Tasse Kaffee im Garten. Also stellte ich die Negativaspekte heraus, die gegen mich sprechen würden. Da war nämlich die Entfernung von nahezu 20 Kilometern von ihr zu mir. Dann war da meine Einschränkung, dass ich es nicht als Dauereinrichtung verstehen, sondern ihr nur „mal so eben" die Buchführung beibringen würde. „Buchführung muss man nämlich nicht lernen, das muss man nur verstehen!" Aber Vanessa hatte sich innerlich schon festgelegt. Vermutlich auch bestärkt durch das Gespräch mit ihrer Mutter, die mich für den Richtigen hielt. Die einzige Uneinigkeit im Moment war die Entlohnung. Danach hatte Mutter mich schon bei unserem Telefonat gefragt und mich mit der Frage in Schwierigkeiten gebracht. Ich war nämlich darauf überhaupt nicht vorbereitet. Woher soll ich wissen, wie sich andere Leute die Nachhilfestunden bezahlen lassen? Außerdem will ich überhaupt kein Geld dafür. Das wiederum konnte schon die Mutter nicht verstehen, und sie hatte mir schon gesagt, dass ihre Tochter das nicht akzeptieren wird, wenn ich nicht vorher meinen Preis nenne. „Ich überleg' mir das, okay?" hatte ich zur Mutter gesagt. Und nun wollte die Tochter darauf auch eine Antwort von mir. „Was kostet das bei Ihnen?" – „Ja, danach hat mich auch schon Ihre Mutter gefragt, und sie hat mir auch gesagt, dass Sie das auf jeden Fall wissen wollen und auch dafür bezahlen wollen . . ." „Ja, genau!!!" – Nun hatte ich aber zwischen dem Gespräch mit der Mutter und dem Gespräch mit der Tochter Vanessa meinem Sohn von der Neuigkeit berichtet, dass sein Vater eventuell eine Nachhilfeschülerin bekommt. Meinem Sohn war das auch klar, dass ich dafür kein Geld haben wollte. „Lass sie dafür im Garten arbeiten," war sein erster Gedanke. Die Idee fand ich nicht so gut. Nicht, dass mein Garten es nicht nötig gehabt hätte, dort mal ein bisschen von dem Unkraut zu entfernen. Aber ich konnte mir vorstellen, dass viele Vanessas dieser Welt eher auf die Grundkenntnisse im Rechnungswesen verzichten, bevor sie bei einem fremden Onkel im Garten den Löwenzahn aus der Erde buddeln. Nee, der Vorschlag war nix. Den zweiten Vorschlag von meinem Sohn habe ich dann übernommen. „Machen wir es so, Vanessa. Wenn Sie das Gefühl haben, dass Sie viel bei mir gelernt haben und wenn ich recht behalten habe, dass Sie nach einer gewissen Zeit bei mir in Rewe keine Fünf mehr schreiben werden und auch gar nicht mehr können – dann schulden Sie mir eine Kiste alkoholfreies Bier." Dieser Vorschlag ließ Vanessa vermutlich eher an meiner Kompetenz zweifeln, der richtige Nachhilfelehrer für sie zu sein, aber sie akzeptierte das zunächst einmal und wir vereinbarten einen Termin für die erste Nachhilfestunde.

„Buchführung wird meistens nur falsch erklärt", so hatte ich meine Unbescheidenheit, was meine Selbsteinschätzung über die Fähigkeit der Vermittlung von Kenntnissen anbelangt, auch schon der Mutter von Vanessa in unserem ersten Telefonat zum Ausdruck gebracht. Aber zu dieser Überzeugung haben mich viele Auszubildende gebracht, deren Augen auf einmal strahlten, wenn ich ihnen die Abläufe der Buchführung erklärt habe, und die mir mehr als einmal sagten: „Ja, so hat uns das auch bisher noch keiner erklärt!" Und da die Klassenarbeiten ja alle über meinen Schreibtisch wanderten, konnte ich es sehr gut verfolgen, wie sich das von mir Vermittelte positiv auf die Zensuren auswirkte. Da ich nicht die Absicht habe, meine freie Zeit künftig mit Nachhilfeschülern zu füllen, habe ich schon am ersten Nachhilfetag mit Vanessa den Entschluss gefasst, den Ablauf und die Vorgehensweise aufzuschreiben und in einem Buch zu verarbeiten. Es gibt sicher außer Vanessa noch viele andere Schüler, die von meiner Art, die Buchführung zu erklären, profitieren könnten. Aber was soll ich mit den vielen Kisten alkoholfreien Bieres? Und wenn Sie es so einfach und verständlich geschrieben sehen, wie ich es auch erkläre, dann führt das zum gleichen Ergebnis und Sie können es immer wieder mal nachlesen, ohne zu einem Nachhilfelehrer fahren zu müssen. Mal ganz unter uns, sollten Sie selbst Nachhilfestunden in Rewe geben wollen, dann dürfen Sie sich auch gerne dieses Buches bedienen und Ihren Schülern zeigen, wie einfach das kaufmännische Rechnungswesen doch in Wirklichkeit ist. Man muss es nur einmal richtig erklärt bekommen und verstanden haben!

Hückeswagen, im Herbst 2010   Heinz-E. Klockhaus

Inhalt

	Vorwort – Buchführung ist kinderleicht	V
1	**Kleine Einführung in die Buchführung**	1
1.1	Definition und Aufgaben der Buchführung	1
1.2	Inventur	2
1.3	Inventar	3
2	**Wir machen uns selbstständig**	4
3	**Der Handel kann beginnen**	12
4	**Vorläufige Summenbilanz**	19
5	**Wichtige Begriffe**	24
5.1	Was ist die Mehrwertsteuer?	24
5.2	Abschreibungen auf das Anlagevermögen	26
5.3	Löhne und Gehälter	29
5.4	Wareneinkauf und Warenverkauf	30
6	**Buchungsbelege und Buchungskreise**	35
6.1	Buchungsbelege	35
6.2	Buchungskreise	36
6.3	Bildung von Buchungssätzen	40
6.4	Lösungen zu Buchungskreisen und Buchungssätzen	41
7	**Grundsätzliches**	46
7.1	Fragen zu Grundbegriffen	46
7.2	Lösungen	51
8	**Fragebögen zum Rechnungswesen (Zwischenprüfung)**	55
8.1	Prüfungsfragen – Beispiel 1	57
8.2	Prüfungsfragen – Beispiel 2	58
8.3	Prüfungsfragen Beispiel 3	61
8.4	Lösungen	62
8.5	Häufig gestellte Fragen	64
9	**Neutrale Aufwendungen und Erträge**	69
9.1	Betriebsfremde Aufwendungen und Erträge	70
9.2	Haus- und Grundstücksaufwendungen und -erträge	70
9.3	Zinsaufwendungen und -erträge	70
9.4	Betriebliche außerordentliche Aufwendungen und Erträge	71
9.5	Neutrale Aufwendungen und Erträge in der GuV	71

10	**Forderungen**	74
10.1	Zweifelhafte und uneinbringliche Forderungen	74
10.2	Abschreibung von Forderungen	75
10.3	Übungsaufgabe	81
10.4	Lösung	81
11	**Buchungen im Wechselverkehr**	84
11.1	Schuldwechsel	86
11.2	Besitzwechsel	86
11.3	Beispiele für Buchungen im Wechselverkehr	88
11.4	Übungsaufgaben	91
12	**Das Privatkonto**	94
12.1	Privatentnahme und Privateinlage	94
12.2	Übungsaufgaben	97
13	**Abschlussbuchungen**	100
13.1	Übungsaufgaben	100
13.2	Lösungen	104
14	**Posten der Rechnungsabgrenzung**	109
14.1	Transitorische Aktiva	110
14.2	Transitorische Passiva	111
15	**Sonstige Forderungen und Sonstige Verbindlichkeiten**	112
15.1	Sonstige Forderungen	112
15.2	Sonstige Verbindlichkeiten	112
15.3	Buchungen im Folgejahr	113
16	**Zusammenfassung: Periodenabgrenzung**	114
17	**Rückstellungen**	119
17.1	Rückstellungen – Was ist das?	119
17.2	Buchung von Rückstellungen	122
17.3	Vorgänge und Buchungen im Folgejahr	124
17.4	Übungsaufgaben	124
17.5	Lösungen	126
18	**Rücklagen, Rückstellungen, Rückblick**	128
18.1	Rücklagen als Teil des Eigenkapitals	128
19	**Noch mehr Übungen!**	131
19.1	Aufgaben	131
19.2	Lösungen	134

20	**Bilanzanalyse**	137
20.1	Beispiel einer aufbereiteten Bilanz	138
20.2	Bewegungsbilanz	138
20.3	Betriebliche Kennziffern	139
20.4	Externe Bilanz-Kritik	142
21	**Schlusswort – und tschüss**	145
Glossar		146
Sachregister		150

1 Kleine Einführung in die Buchführung

Rewe (= Das Rechnungswesen) besteht aus:
- Buchführung,
- Kostenrechnung,
- Statistik,
- Planungsrechnung.

1.1 Definition und Aufgaben der Buchführung

Wir beschäftigen uns jetzt hier mit der **Buchführung.**

Die Buchführung, auch Finanz- oder auch Geschäftsbuchführung genannt, ist eine Zeitrechnung auch Periodenrechnung genannt. Die „Periode" ist das Geschäftsjahr.

© Manfred Jahreis/pixelio.de

Buchführung ist gleich
- Finanz- oder auch Geschäftsbuchführung,
- Zeit- oder Periodenrechnung.

Da die Buchführung alle Vorfälle aus dem Verkehr mit der wirtschaftlichen Außenwelt wie Lieferanten, Kunden, Banken, Behörden erfasst, bezeichnet man sie auch als **Externes Rechnungswesen**.

Wir können also erweitern:
Buchführung ist gleich
- Finanz- oder auch Geschäftsbuchführung,
- Zeit- oder Periodenrechnung,
- Externes Rechnungswesen.

Und weil in der kaufmännischen Buchführung jeder Vorgang **doppelt** erfasst wird, nämlich im Soll und im Haben, nennt man sie auch **„Doppelte Buchführung"**, kurz „Doppik".

Wir haben also hier vier verschiedene Begriffe: die Finanz- oder Geschäftsbuchhaltung, eine Zeit- oder Periodenrechnung, das Externe Rechnungswesen und die Doppik.
Aber alle meinen das Gleiche, nämlich die kaufmännische Buchführung. Und diese wiederum ist Bestandteil des Rechnungswesens.

Nach diesen kleinen Begriffsdefinitionen kommen wir im Folgenden zu den **Aufgaben der Buchführung.**

Die Aufgaben der Buchführung sind:
- Ermittlung von Vermögen und Schulden,
- Erfassung und Darstellung der Veränderung von Vermögen und Schulden,
- Erfassung von Aufwand und Ertrag (um den Erfolg zu ermitteln),
- Zahlenlieferant für Kostenrechnung und Kalkulation,
- Zahlenlieferant für die Planungsrechnung,
- Zahlenlieferant für Finanzamt, Banken usw.

Die wesentlichen Grundsätze ordnungsgemäßer Buchführung sind Wahrheit und Klarheit. Hierbei handelt es sich nicht etwa um einen festgesetzten Gesetzestext, sondern, wie der Name schon sagt, um „Grundsätze". Deshalb sei dies hier auch nur der Vollständigkeit halber erwähnt, wobei „Bilanzwahrheit" und „Bilanzklarheit" für einen seriösen Kaufmann eine Selbstverständlichkeit sind. Sein Vermögen in der Bilanz nicht falsch, sondern richtig zu bewerten, entspricht der Bilanzwahrheit. Und sein Rechnungswesen so darzustellen, dass die Zahlen nicht wie Kraut und Rüben durcheinander gewürfelt und somit nicht interpretierbar sind, entspricht der Bilanzklarheit.

1.2 Inventur

Bei der Inventur handelt es sich um eine Tätigkeit!
Und diese Tätigkeit besteht in der Vermögens- und Schuldenfeststellung.

Wir kennen das alle aus dem täglichen Leben. Da wird gezählt, gemessen und gewogen und nicht selten hängt an einem Geschäft ein Schild „Wegen Inventurarbeiten geschlossen". In größeren Unternehmen, in denen es über die Abläufe des Jahresabschlusses ein „Bilanzrundschreiben" an fast alle Abteilungen des Hauses gibt, stehen in der Terminierung die Inventur und die damit verbundenen Anweisungen immer ziemlich an erster Stelle der Aufgaben. Ohne das Vermögen und die Schulden festgestellt zu haben, kann man es nicht bilanzieren!

1.3 Inventar

Das Inventar ist das Ergebnis der Inventur!
Es ist gleich dem **Bestandsverzeichnis**.

Als Hauptgruppen sind im Inventar aufgeführt:
- Vermögen,
- Schulden,
- Reinvermögen bzw. Eigenkapital.

Das Vermögen gliedert sich auf in:
- Anlagevermögen und
- Umlaufvermögen.

Bei den Schulden unterscheidet man:
- langfristige und
- kurzfristige.

Die kurzfristigen Schulden haben eine Laufzeit bis zu einem Jahr. Zur besseren Transparenz trennt man die „längerfristigen" Verbindlichkeiten bei der Bilanzierung in mittelfristige von mehr als einem Jahr bis vier Jahre und langfristige mit einer Laufzeit von mehr als vier Jahren.

Fassen wir diese kleine Einführung in die Buchführung zusammen.
Als wesentliche Aufgaben haben wir zunächst genannt:
- die Ermittlung von Vermögen und Schulden,
- die Veränderung von Vermögen und Schulden.

Und dann sprachen wir von „Doppik", weil wir jeden Vorgang auf zwei Konten (oder mehr) erfassen.

Aber warum tun wir das? Dies wird nun auf den nächsten Seiten deutlich werden.

2 Wir machen uns selbstständig

Jetzt machen wir uns mal selbstständig und erfinden die Buchführung ganz neu! Mama, Papa, die Eltern der Freunde, alle trinken gerne mal ein Glas Wein, und dem Weinhändler in der Stadt scheint es auch gar nicht schlecht zu gehen. Wie wäre es, wenn wir einen kleinen, aber feinen Weinhandel eröffnen? Was brauchen wir denn dazu?
Und ehe wir es merken, befinden wir uns schon mitten in der Buchführung und fangen ganz freiwillig damit an, unser Vermögen zu ermitteln. Das stand doch bei den Aufgaben der Buchführung ganz oben an erster Stelle. Also ist doch demnach die Inventur nicht nur eine Aufgabe am Ende eines Geschäftsjahres im laufenden Betrieb, sondern wir beginnen ja schon bei der Gründung unseres Weinhandels damit, Inventur zu machen und ein Inventar aufzustellen. Damit beantwortet sich doch auch schon ein ganz wichtiger Teil der Frage „Warum tun wir das?" Weil wir diese Informationen zur richtigen Steuerung unseres Unternehmens dringend brauchen. Wie soll ich meinen Weinhandel planen, wenn ich nicht vorher feststelle, ob ich überhaupt die Ware bezahlen kann, die ich verkaufen möchte?
Ehe wir also lange über Schulwissen und Rewe im Speziellen nachdenken, erstellen wir schon unsere erste Eröffnungsbilanz!

Was habe ich an Vermögen? Oh je! Bisher hätte ich dafür den Namen „Vermögen" gar nicht in den Mund genommen. Ein paar Kröten hab ich. Von dem bisschen, was ich monatlich bekomme, geht das Meiste doch für Klamotten drauf. Und die Handyrechnung ist auch nicht so ohne. Also, Vermögen . . .

© Harald Wanetschka/pixelio.de

Eigentlich sind es nur die 5000 Euro, die ich auf der Sparkasse habe. Das sollte ja mal Aussteuer oder so was werden. Okay: Eröffnungsbilanz!

Mein Vermögenswert sind 5000 Euro auf der Bank. Und die gehören mir! Also stellt sich das folgendermaßen dar:

Vermögenswerte	Eröffnungsbilanz	Vermögensquellen	
Bank	5000,–	Eigenkapital	5000,–

Und die Planungsrechnung habe ich auch schon neu erfunden. Ich muss nämlich zuerst mal planen, welche Vermögenswerte ich eigentlich brauche. Und aus welcher Vermögensquelle ich sie finanziert bekomme. Und ich muss ja auch planen, welche Kosten mir entstehen und welche Umsatzerlöse ich überhaupt erzielen kann. Ja gut, das ist erst mal eine Schätzung, aber an ein bisschen Marktanalyse werde ich nicht vorbeikommen. Sonst hab' ich nachher die Regale voll Eiswein stehen und die Leute wollen alle preiswerten Rotwein kaufen. Apropos Regale. Ich hab' ja gar keine Regale. Und einfach so auf die Erde stellen kann ich den Wein ja wohl auch nicht, wenn die erste Lieferung kommt. Was kostet denn überhaupt so ein Regal? Die 5000 Euro, die ich auf der Bank habe, brauche ich doch schon für den ersten Wareneinkauf. Ich kann ja keinen Handel mit zwei Flaschen Wein anfangen. Zum Glück hat Mutter Verständnis für meine Probleme und unterstützt mich in meinem Vorhaben. „Für die erste Einrichtung kann ich Dir 2000 Euro leihen", sagt Mutter, „aber wenn das Geschäft mal läuft, gibst Du sie mir wieder." Das ist ein Wort! Und weil meine Mutter ihr Wort hält, zahlt sie mir auch sofort die 2000 Euro auf mein Bankkonto ein. Sie will sie ja später mal wieder haben. Das ist also Fremdkapital. Somit sieht unsere Eröffnungsbilanz nun wie nachstehend dargestellt aus:

Vermögenswerte	Eröffnungsbilanz	Vermögensquellen	
Bank	7000,–	Eigenkapital	5000,–
		Fremdkapital	2000,–
	7000,–		7000,–

Toll! So sieht meine Eröffnungsbilanz doch schon richtig professionell aus. Jetzt brauche ich erst mal ein paar Briefmarken. Ein paar Winzer anschreiben, ob und zu welchen Konditionen sie mich beliefern. Ein paar potente Kunden könnte ich auch schon mit einem kleinen Werbebrief darauf aufmerksam machen, dass sie ihren leckeren Wein in Zukunft bei mir kaufen können.

Die Briefmarken muss ich im Postamt sofort bezahlen. Ich hab' kein Bargeld. Aber ich hab' eine liebe Oma. „Hier mein Kind, ich geb' Dir 200 Euro für Deine Geschäftskasse."
„Danke Oma, Du bist so was von lieb!" Und Oma will das Geld auch nicht zurück haben.
Es gehört mir. Meinem Betrieb gehört es. Es ist ... – Jawohl, es ist Eigenkapital.

Vermögenswerte	Eröffnungsbilanz		Vermögensquellen
Bank	7000,–	Eigenkapital	5200,–
Kasse	200,–	Fremdkapital	2000,–
	7200,–		7200,–

55 Cent kostet ein Brief. 100 Marken, das sind 55 Euro. Bar aus der Kasse. Also hab ich da noch 145 Euro. Aber die Marken klebe ich auf Briefe, und dann sind 55 Euro weg. Und schon ist mein Eigenkapital um 55 Euro gesunken. Eine neue Bilanz muss her:

Vermögenswerte	Bilanz		Vermögensquellen
Bank	7000,–	Eigenkapital	5145,–
Kasse	145,–	Fremdkapital	2000,–
	7145,–		7145,–

Das gefällt mir gar nicht. Ich kann doch nicht jedes Mal eine neue Bilanz machen. Wie wird das erst, wenn mein Geschäft mal richtig angefangen hat, wenn ich Ware kaufe, Ware verkaufe, Rechnungen bezahle und Geld einnehme ...? Das ist so keine Lösung. Wir wollten doch die Buchführung neu erfinden. Und schon sind wir daran beteiligt. Die Lösung ist nämlich die, dass wir für jede Bilanzposition eine eigene Minibilanz machen, eine für die Bank, eine für die Kasse, eine für das Eigenkapital und eine für das Fremdkapital. Dann können wir auf diesen Minibilanzen die jeweiligen Veränderungen buchen und schließen die Salden davon später wieder in der Bilanz ab. **„Konten"** heißen diese Minibilanzen, jeder Vermögenswert und jede Vermögensquelle bekommt ein eigenes Konto.

Die linke Seite der Bilanz nennt man **„Aktiva"**, die rechte Seite **„Passiva"**. Dementsprechend unterscheidet man auch „Aktivkonten" und „Passivkonten". Die Konten, die ich vorstehend als Minibilanzen bezeichnet habe, sind also Aktivkonten, wenn sie von der Aktivseite der Bilanz kommen und Passivkonten, wenn sie von der Passivseite der Bilanz kommen. Oder mit anderen Worten: Die Konten der Vermögenswerte sind Aktivkonten, die der Vermögensquellen sind Passivkonten. Der Vollständigkeit halber sei hier noch gesagt, dass die linke Seite der Konten die Bezeichnung „Soll" trägt und die rechte Seite „Haben". Das gilt für alle Konten.

Gehen wir doch noch einmal in die Eröffnungsbilanz (EB) zurück, bevor wir die Briefmarken gekauft haben. Dann hätten wir auf den Konten folgende Eröffnungsbuchungen:

	Bank	
EB	7000,–	

	Kasse	
EB	200,–	

Eigenkapital

	EB	5200,-

Fremdkapital

	EB	2000,-

So, das waren die Eröffnungsbuchungen. Die Werte der Bilanz stehen nun als Anfangsbestände auf den Konten, und wir können mit den Geschäftsvorfällen beginnen.

Das war bisher der Barkauf von Briefmarken in Höhe von 55 Euro. Der Kassenbestand ist um diesen Betrag kleiner geworden. Da es sich bei der Kasse um einen Vermögenswert handelt und die Vermögenswerte auf dem Konto genauso wie in der Bilanz auf der linken Seite stehen, müssen wir also zwangsläufig und logischerweise eine Verminderung auf der rechten Seite des Kassenkontos dagegen buchen. Wir haben bereits festgestellt, dass sich durch den Kauf der Briefmarken gleichzeitig das Eigenkapital vermindert. Unser Buchungssatz würde also lauten „Eigenkapital an Kasse" 55 Euro. Aber das gefällt uns nicht. Das würde ja heißen, dass wir jeden Aufwandsposten und alle Erträge, die ja nun mal unser Eigenkapital verändern, direkt auf dem Kapitalkonto buchen würden. Erinnern wir uns an die wesentlichen Aufgaben der Buchführung. Das war die Ermittlung von Vermögen und Schulden, aber auch die Erfassung von Aufwand und Ertrag, um den Erfolg unseres Unternehmens zu ermitteln. Und diesen Erfolg wollen wir ja später auch beurteilen können und wissen, wie er zustande gekommen ist und welche Geschäftsvorfälle sich dabei besonders positiv oder negativ ausgewirkt haben. Es liegt also voll und ganz in unserem eigenen Interesse, Unterkonten vom Eigenkapital einzurichten, auf denen wir die Aufwendungen und Erträge verbuchen. Aber gedanklich bleiben wir bei der Bilanz. Das Eigenkapital ist eine Vermögensquelle und steht somit auf der rechten Bilanzseite. Nimmt also das Eigenkapital zu, buchen wir logischerweise auch auf der rechten Seite des Erlöskontos. Nimmt das Eigenkapital hingegen durch Aufwendungen ab – wie das bei den Briefmarken der Fall ist –, ist das eine Sollbuchung auf dem Kapitalkonto und folglich buchen wir auch auf dem Kostenkonto im Soll. So lässt sich aus der Veränderung der Bilanzposition, die der einzelne Geschäftsvorfall auslöst, jeder Buchungssatz eindeutig bestimmen und die Frage: „Muss ich im Soll oder im Haben buchen?" wird sich nie wieder stellen, wenn wir das verstanden haben und die Buchung aus der Sicht der Bilanz vornehmen.

Bringen wir also diese Buchung über die gekauften Briefmarken der Vollständigkeit halber auch hier in unserem Beispiel noch auf die Konten, dann sieht nunmehr unser Kassenkonto wie folgt aus:

Kasse

EB	200,-	Porto	55,-

Anstelle der Korrekturbuchung im Eigenkapital richten wir ein neues Konto „Portokosten" ein und buchen hier natürlich im Soll, weil ja die Vermögensquelle Eigenkapital kleiner wird.

Portokosten	
bar 55,-	

Hier noch einmal im Zusammenhang diese Buchung aus Sicht der Bilanz. Der Vermögenswert „Kasse" wurde um 55 Euro kleiner. Also kann es sich nur um eine Habenbuchung auf dem Kassenkonto handeln. Da es keine Buchung ohne Gegenbuchung gibt, wäre damit schon vorbestimmt, dass die andere Hälfte der Buchung nur im Soll stehen kann!
Die Vermögensquelle „Eigenkapital" wurde ebenfalls um 55 Euro kleiner. Da das Eigenkapital in der Bilanz rechts steht, kann es sich bei einer Minderung also dort nur um eine Sollbuchung handeln. Wir können also sowohl beim Vermögenswert als auch bei der Vermögensquelle die Logik der Buchung verstehen und nachweisen. Und weil Aufwendungen grundsätzlich unser Eigenkapital schmälern und Erträge das Eigenkapital erhöhen, kann die Verbuchung eines Aufwandes immer nur auf der linken Kontenseite und die Verbuchung eines Ertrages auch immer nur auf der rechten Kontenseite stehen.

In diesem Fall der Verbuchung des Briefmarkenkaufes hat der Vermögenswert „Kasse" abgenommen und die Vermögensquelle „Eigenkapital" hat ebenfalls abgenommen. Somit werden also durch diesen Vorgang separat betrachtet die Aktivseite der Bilanz und auch die Passivseite der Bilanz kleiner. Diesen Vorgang nennt man Aktiv-Passiv-Minderung. Ein Umsatz wäre somit in seiner Auswirkung eine Aktiv-Passiv-Mehrung; denn es nehmen dadurch die Vermögenswerte (seien es zunächst die Forderungen oder bei Bezahlung die Kasse oder das Bankkonto) zu und gleichzeitig nehmen die Vermögensquellen zu, nämlich unser Eigenkapital durch den Ertrag. Neben Aktiv-Passiv-Mehrung und Aktiv-Passiv-Minderung können Buchungssätze auch einen Aktivtausch oder einen Passivtausch auslösen. Wenn nämlich beispielsweise ein Kunde seine Rechnung bezahlt, nimmt auf der Aktivseite das Bankkonto zu und die Forderungen nehmen ab. Ein wunderbares Beispiel für einen Passivtausch hätten Sie dann, wenn die Mutter von Vanessa eines Tages sagt: „Von den 2000 Euro, die ich Dir geliehen habe, brauchst Du mir nur die Hälfte zurückzugeben."
Dann können Sie freudestrahlend buchen „Fremdkapital an Eigenkapital" 1000 Euro. In der Praxis ergibt sich häufiger ein Passivtausch auch dadurch, dass längerfristige Schulden fällig werden und somit auf kurzfristige Verbindlichkeiten umgebucht werden.

Wir machen uns selbstständig

Ja, nachdem wir das alles abgewickelt und auch verstanden haben, könnten wir doch eigentlich ein paar Kisten Wein bestellen, damit es mit dem Geschäft endlich losgeht.

Ein Winzer hat uns auch schon seine Preisliste geschickt und geschrieben, dass er uns gerne beliefert und uns sogar einräumt, die Rechnung erst nach 30 Tagen zu bezahlen. Nach unserer Bestellung kam auch prompt die Lieferung, mit folgender Rechnung dazu:

Claus-Peter Riesling
Bergkirchen

Rechnung

Zahlbar 30 Tage nach Erhalt der Lieferung

100 Flaschen Rosengarten	à 2,50 = 250,00 Euro	
100 Flaschen Südhang weiß	à 2,50 = 250,00 Euro	
100 Flaschen Roter Bergtropfen	à 3,00 = 300,00 Euro	
100 Flaschen Feuerstuhl	à 4,50 = 450,00 Euro	1250,00 Euro
Verpackung		30,00 Euro
Fracht		120,00 Euro
		1400,00 Euro
19 % Mehrwertsteuer		266,00 Euro
Rechungsbetrag		1666,00 Euro

Was hat sich durch diesen Geschäftsvorfall bei unseren Vermögenswerten und Vermögensquellen verändert?

Wenn wir den Rechnungsendbetrag sehen, den wir ja bezahlen müssen, gewinnen wir auf jeden Fall sofort die Erkenntnis, dass wir damit kurzfristige Verbindlichkeiten in Höhe von 1666,00 Euro haben; denn der Winzer will ja in 30 Tagen sein Geld. Die Vermögensquelle Schulden nimmt zu, das kann man auf einen Blick erkennen. Und mit diesem ersten Blick auf die Rechnung wissen wir auch schon, dass wir auf dem Konto „Verbindlichkeiten aus Lieferungen und Leistungen" (LuL) im Haben, also auf der rechten Seite, 1666,00 Euro buchen müssen. So einfach ist Buchführung! Bei den Vermögenswerten haben wir ebenfalls einen Zugang, und zwar „Waren" in Höhe von 1250,00 Euro. Der Vermögenswert nimmt zu, es kann also nur eine Sollbuchung auf dem Konto „Waren" in Höhe von 1250,00 Euro ausgelöst werden. In Wirklichkeit aber kostet uns die Ware 150,00 Euro mehr; denn die Verpackung und die Fracht dafür müssen wir ja auch übernehmen. Hierfür richtet man ein Unterkonto vom Konto „Waren" mit der Bezeichnung „Bezugskosten" ein. Da die Bezugskosten Bestandteil des Wareneinkaufs sind, schließt man dieses Konto später auch über das Konto „Waren" ab.
Und dann ist da noch die Mehrwertsteuer, die uns der Winzer auch in Rechnung stellt. Es handelt sich hierbei um eine Umsatzsteuer. Der Begriff „Mehrwertsteuer" rührt daher, dass wir aus unseren Lieferungen und Leistungen immer nur den **Mehrwert** versteuern müssen und diese Steuer an das Finanzamt abführen. Das bedeutet, dass wir auf unsere Umsätze Mehrwertsteuer berechnen und auch bezahlen müssen, davon aber die für den Einkauf bezahlte Mehrwertsteuer abziehen können. Nehmen wir an, wir würden mit einem Gewinnaufschlag von 200 % kalkulieren, den Wein aus obigem Beispiel also für 4200,00 Euro netto insgesamt wieder verkaufen, dann würden wir darauf 19 % Mehrwertsteuer = 798,00 Euro berechnen. Da wir für den Einkauf an den Winzer 266,00 Euro Mehrwertsteuer bezahlt haben, ziehen wir diese als bezahlte Vorsteuer davon wieder ab und versteuern somit nur den Mehrwert in Höhe von 2800,00 Euro. Die sogenannte „Zahllast" beträgt also in diesem Beispiel 798,00 minus 266,00 = 532,00 Euro. Und das entspricht ja 19 % aus dem erzielten Mehrwert von 2800,00 Euro.

Aber zurück zur Verbuchung der Eingangsrechnung. Wir haben also einen Zugang bei den Vermögenswerten „Waren" auf dem gleichnamigen Konto von 1250,00 Euro und auf dessen Unterkonto „Bezugskosten" von 150,00 Euro. Da wir uns, wie vorstehend erläutert, die Vorsteuer vom Finanzamt wiederholen können, ist dies mit Verbuchung der Rechnung eine Forderung an das Finanzamt, also auch ein Vermögenswert. Dafür richten wir ein Konto „Vorsteuer" ein und verbuchen darauf als Zugang, folglich im Soll, 266,00 Euro.
Wir haben also hier drei Posten Vermögenswerte, nämlich die Konten „Waren", „Bezugskosten" und „Vorsteuer" an die Vermögensquelle „Verbindlichkeiten aus Lieferungen und Leistungen" zu buchen. Wie wir festgestellt haben, wäre das also eine Aktiv-Passiv-Mehrung in Höhe von insgesamt 1666,00 Euro.

	Waren	
Re. Winzer	1250,00	

	Bezugskosten	
Re. Winzer	150,00	

	Vorsteuern	
Re Winzer	266,00	

	Verbindlichkeiten aus LuL	
	Re Winzer	1666,00

Hier auf den Konten ist noch einmal deutlich zu sehen: Drei Vermögenswerte nehmen zu, Buchung im Soll, und eine Vermögensquelle nimmt zu, Buchung im Haben. Folglich muss ja die Bilanzsumme um diese 1666,00 Euro größer geworden sein.

Eine Überraschung hat auch noch der Spediteur für uns parat. Er will Rollgeld in Höhe von 23,80 Euro inklusive Mehrwertsteuer bar kassieren. „Wieso Rollgeld? Die Fracht steht doch auf der Rechnung." Der Winzer hatte den Wein mit der Bahn geschickt und die Fracht, die er uns berechnet hat, bis zur Bahnstation unseres Ortes bezahlt und somit vorgelegt. Aber vom Bahnhof zu uns hat ein beauftragter Spediteur die Weinkisten transportiert. Dafür will er das Rollgeld bezahlt haben.
Na gut, es sind ebenfalls Bezugskosten. Also bucht Vanessa wie folgt:

	Bezugskosten	
Rollgeld	20,00	

	Vorsteuern	
Rollgeld	3,80	

	Kasse	
	Rollgeld	23,80

3   *Der Handel kann beginnen*

Nachdem wir unseren ersten Einkauf getätigt und den Wein auf Lager haben, hoffen wir natürlich auf die ersten Kunden, die für Umsatz sorgen und unsere Vermögensquelle „Eigenkapital" möglichst schnell größer werden lassen. Und bei den Vermögenswerten erhoffen wir uns dadurch natürlich einen Zuwachs in der Kasse und auf dem Bankkonto, wenn hier der Warenbestand wieder kleiner wird.

Inzwischen ist endlich das Weinregal eingetroffen, und wir können die Flaschen ihrem edlen Charakter entsprechend lagern. 1500,00 Euro zuzüglich Mehrwertsteuer kostet dieses Regal. Und der Mensch besteht auf Barzahlung bei Lieferung und Aufstellung.

© Peter Kirchhoff/pixelio.de

Also, ein Regal, fertig montiert und aufgestellt	1500,00 Euro
19 % Mehrwertsteuer	285,00 Euro
Rechnungsbetrag	1785,00 Euro

Das haut eine Jungunternehmerin wie Vanessa ganz schön um. Wer hat denn so viel Bargeld in der Kasse? Vielleicht Aldi oder Schlecker, aber ich doch nicht! Also auf zur Sparkasse, 2000,00 Euro von dem Konto abheben.

„Brauchen Sie 'ne Rechnung?" fragt der Komiker mit dem Regal. Natürlich brauch' ich 'ne Rechnung. Wie soll ich das denn sonst verbuchen? Außerdem erkennt mir das Finanzamt erstens keine Abschreibungen und zweitens die Vorsteuer nicht an, wenn ich keinen Beleg darüber habe.

Was hat sich buchhaltungstechnisch getan? Ich habe Geld von der Sparkasse abgehoben.

Klar, ein Aktivtausch. Vermögenswert „Bank" wird kleiner, Vermögenswert „Kasse" nimmt zu. Wenn ein Vermögenswert zunimmt, muss ich im Soll buchen, wenn er abnimmt im Haben. Also wäre meine Buchung „Kasse" an „Bank" 2000,00 Euro. Da entdeckt Vanessa aber ein kleines Problem. Das Bargeld hat sie jetzt, die Sollbuchung auf dem Kassenkonto kann sie machen. Aber der Bankauszug von der Sparkasse kommt erst morgen, da sind heute ja die 2000,00 Euro noch gar nicht abgebucht. Also gibt es doch eine Buchung ohne Gegenbuchung? Nee, Quatsch, das gibt es nicht. Wir brauchen ein Zwischenkonto, auf dem wir die Abbuchung von der Bank so lange gebucht lassen, bis der Vorgang auch im Bankauszug steht. So eine Art Wertberichtigung unseres Bankvermögens, weil wir ja wissen, dass uns diese 2000,00 Euro auf der Bank gar nicht mehr gehören, da hat also die Vermögensminderung ja schon stattgefunden durch die Barabhebung. Also richtet sich Vanessa sozusagen als Unterkonto des Bankkontos ein neues Konto ein und nennt es „Geldtransit". Sie bucht also die Barabhebung wie folgt: „Kasse" an „Geldtransit" 2000,00 Euro. Und wenn sie dann am nächsten Tag den Bankauszug von der Sparkasse bekommt, in dem die Abhebung erscheint, dann bucht sie „Geldtransit" an „Bank" 2000,00 Euro.

Das Konto „Geldtransit" ist damit wieder ausgeglichen und geblieben ist der Aktivtausch Kasse an Bank.

Kasse

Barabh.	2000,00		

Geldtransit

Abh. bar	2000,00	Barabh.	2000,00

Bank

		Abh. bar	2000,00

Aber wir müssen die Rechnung für das Regal noch verbuchen. Der Zugang im Vermögenswert „Kasse" war ja leider nur von kurzer Dauer, weil Vanessa das Regal bar bezahlen muss. Also gibt es bei den Vermögenswerten auch schon wieder einen Abgang im Konto „Kasse" in Höhe von 1785,00 Euro. Trotzdem ist es ein ganz besonderes Gefühl für Vanessa: Sie hat in ihrer Bilanz ab diesem Moment ihre erste Position im Anlagevermögen! Ihr Eigenkapital ist ja dadurch nicht weniger geworden, sie hat ja nur einen Vermögenstausch vorgenommen und für den Abgang in der Kasse einen Zugang im Anlagevermögen. Das sind 1500,00 Euro. Und die Mehrwertsteuer in Höhe von 285,00 Euro bleibt ja auch bei den Vermögenswerten; denn die holen wir uns ja als Vorsteuer vom Finanzamt wieder. Ein reiner Aktivtausch also!

Betriebs- und Geschäftsausstattung

Regal	1500,00	

Vorsteuern

Regal	285,00	

Kasse

	Regal	1785,00

Jetzt wird es Zeit, sich über den Verkaufspreis der Weine Gedanken zu machen. Vanessa hat mal ein bisschen Spion gespielt und verglichen, was vergleichbare Weine in anderen Handlungen kosten. Vielleicht sollte sie auch noch ein paar preiswertere Sorten auf Lager nehmen. Bei ihrem jetzigen Bestand handelt es sich schon um die sogenannten „guten" Weine. Die bekommt man auch bei der Konkurrenz kaum unter neun Euro, vom Spitzenwein „Feuerstuhl" ganz abgesehen. Da Vanessa bisher über keinerlei Kalkulationsdaten verfügt, beschließt sie, zunächst mit einem Rohgewinnzuschlag in Höhe von 200 % zu kalkulieren.

Sie kommt also zu folgender Kalkulation:

Rosengarten	EP 2,50 + 5,00 Rohgewinn =	7,50 + 19 % MwSt = 8,93 Euro
Südhang	EP 2,50 + 5,00 Rohgewinn =	7,50 + 19 % MwSt = 8,93 Euro
Roter Bergtropfen	EP 3,00 + 6,00 Rohgewinn =	9,00 + 19 % MwSt = 10,71 Euro
Feuerstuhl	EP 4,50 + 9,00 Rohgewinn =	13,50 + 19 % MwSt = 16,07 Euro

Der Tag der Geschäftseröffnung ist für Vanessa ein Traumstart. Sie hat am ersten Tag 20 Flaschen Rosengarten, 3 Flaschen Südhang, 10 Flaschen Roter Bergtropfen und 5 Flaschen von dem Feuerstuhl verkauft.

Das ergibt folgenden Umsatz:

20 Flaschen Rosengarten	× 8,93 =	178,60 Euro
3 Flaschen Südhang	× 8,93 =	26,79 Euro
10 Flaschen Bergtropfen	× 10,71 =	107,10 Euro
5 Flaschen Feuerstuhl	× 16,07 =	80,35 Euro
Tageseinnahme:		392,84 Euro

Da diese Verkaufspreise die Mehrwertsteuer enthalten, muss Vanessa zu Verbuchung der Tageseinnahme die Mehrwertsteuer herausrechnen:

392,84 : 1,19 = 330,12 Euro Warenwert zum Verkaufspreis
62,72 Euro Mehrwertsteuer
392,84

Daraus ergibt sich folgende Buchung:

Kasse

Barverkauf	392,84		

Warenverkauf

		Barverkauf	330,12

Mehrwertsteuer

		Barverkauf	62,72

Das Geld will Vanessa natürlich nicht in der Kasse behalten. Sie rundet den Betrag auf 400 Euro auf und bringt es zur Bank, um es auf ihr Konto einzuzahlen. Hier ergibt sich wieder die gleiche Situation, wie bei der Barabhebung. Während das Geld bereits aus der Kasse entnommen ist, fehlt es ja trotz Einzahlung bei der Bank noch auf dem Bankauszug. Also bucht Vanessa die Einzahlung ihrer Tageseinnahme zunächst auf dem Konto „Geldtransit".

Kasse

		Einz.Bk.	400,00

Geldtransit

Einz. Bk.	400,00		

Wenn dann am nächsten Tag die Bareinzahlung in dem Bankauszug erscheint, bucht Vanessa wie folgt:

Bank

Bareinz.	400,00		

Geldtransit

		Bk. f. Bareinz.	400,00

Damit ist das Konto Geldtransit wieder ausgeglichen und der Aktivtausch Bank an Kasse vollzogen.

Nun hat Vanessa zwar den Umsatz auf ihrem Verkaufskonto, aber der Bestand der verkauften Weinflaschen befindet sich ja immer noch in ihrem Konto Wareneinkauf als Vermögenswert. Um das im Vermögensausweis auf dem Konto Wareneinkauf und auch erfolgsmäßig auf dem Konto Warenverkauf richtigzustellen, muss Vanessa dem Verkaufspreis der verkauften Ware den Einstandspreis gegenüberstellen, sodass tatsächlich nur der Warenrohgewinn als Erlös verbleibt. Warum ist das so? Auch das ist ganz leicht verständlich, wenn man es wieder aus der Sicht der Bilanz betrachtet. Die Ware, die sich auf dem Lager befindet, ist ein Vermögenswert. Verkaufen wir nun diese Ware, wird ja der Vermögenswert um die Einstandspreise kleiner. Gleichzeitig bekommen wir durch den Verkauf einen Vermögenszugang in der Kasse bzw. auf der Bank. Der Rohgewinn, also die Differenz zwischen Verkaufspreis und Einkaufspreis, erhöht unser Eigenkapital. Das ist ja der Sinn und Zweck, warum Vanessa sich zu dem Weinhandel entschlossen hat. Sie will Gewinne erwirtschaften und ihr Eigenkapital erhöhen. Betrachten Sie es einmal vereinfacht am Beispiel einer einzigen Flasche Wein. Vanessa kauft eine Flasche Rosengarten für 2,50 Euro ein und verkauft sie wieder für 7,50 Euro, jeweils ohne Mehrwertsteuer. Somit hat sie an dieser Flasche einen Rohgewinn von 5,00 Euro erzielt und in dieser Höhe ihr Eigenkapital erhöht.

An diesem Beispiel können Sie auch sehr schön den Fluss der Mehrwertsteuer verfolgen. Vanessa zahlte zu den 2,50 Euro Mehrwertsteuer in Höhe von 0,48 Euro, die sie als Vorsteuer geltend macht und muss für den Verkaufspreis von 7,50 Euro an das Finanzamt 1,43 Euro als Mehrwertsteuer abführen (7,50 + 1,43 = 8,93 Euro ist ja demnach auch ihr Verkaufspreis). Somit beträgt vereinfacht dargestellt aus dieser verkauften Flasche Wein die Zahllast 1,43 ./. 0,48 = 0,95 Euro. Damit wird auch sehr schön deutlich, dass Vanessa tatsächlich nur den „Mehrwert" aus ihrem Umsatz versteuern muss; denn die Zahllast von 0,95 Euro entspricht 19 % des Gewinnzuschlages von 200 % in Höhe von 5,00 Euro auf diese Flasche, also dem Mehrwert!

Aber ein bisschen rechnen soll Vanessa schon für ihren erfolgreichen ersten Tag als Unternehmerin. Sie hat ja selbst auch den Ehrgeiz, Vermögen und Erfolg richtig und zeitnah auszuweisen und möchte deshalb einen genauen Einstandspreis der verkauften Ware ermitteln und verbuchen.

Schauen wir uns also den Einkauf für diese verkauften Weine an:

100 Fl. Rosengarten	250,00 Euro
100 Fl. Südhang	250,00 Euro
100 Fl. Roter Bergtropfen	300,00 Euro
100 Fl. Feuerstuhl	450,00 Euro
	1250,00 Euro

Verpackung	30,00	
Fracht	120,00	
Rollgeld	20,00	170,00 Euro = 13,6 % Bezugskosten

Rosengarten	250 Euro 13,6 % = 34,00 Euro	284,00 Euro = 2,84 Euro/Flasche
Südhang	250 Euro 13,6 % = 34,00 Euro	284,00 Euro = 2,84 Euro/Flasche
Roter Bergtropfen	300 Euro 13,6 % = 40,80 Euro	340,80 Euro = 3,41 Euro/Flasche
Feuerstuhl	450 Euro 13,6 % = 61,20 Euro	511,20 Euro = 5,11 Euro/Flasche
	170,00 Euro	

Jetzt kann Vanessa ihren Wareneinsatz bzw. den Einstandspreis der verkauften Erzeugnisse berechnen.

Das waren:

20 Fl. Rosengarten	× 2,84 Euro = 56,80 Euro
3 Fl. Südhang	× 2,84 Euro = 8,52 Euro
10 Fl. Roter Bergtropfen	× 3,41 Euro = 34,10 Euro
5 Fl. Feuerstuhl	× 5,11 Euro = 25,55 Euro
	124,97 Euro

und nun kann auch der Wareneinsatz gebucht werden:

Warenverkauf

Einsatz	124,97		

Wareneinkauf

		Einsatz Verk.	124,97

Damit ist auf dem Konto „Wareneinkauf" der Warenbestand um die verkaufte Ware bereinigt. Auf dem Konto „Warenverkauf" steht nun dem Verkaufserlös von 330,12 Euro der Einstandspreis für diese verkaufte Ware in Höhe von 124,97 Euro gegenüber. Die Eigenkapitalmehrung aus dieser Tageseinnahme beträgt somit 330,12 – 124,97 = 205,15 Euro.

Erwähnt sei die Möglichkeit, den Wareneinsatz nach erfolgter Inventur zu ermitteln und zu verbuchen. Das Konto „Wareneinkauf" entwickelt sich wie folgt:

Anfangsbestand
+   Einkauf
+   Bezugkosten
./. Rücksendungen

Zieht man von dem verbleibenden Saldo den Warenendbestand laut Inventur ab, erhält man den Einstandspreis der verkauften Erzeugnisse, den man dann per Konto „Warenverkauf" an Konto „Wareneinkauf" buchen kann. Grundsätzlich ist diese Handhabung für die Praxis unbefriedigend, da dann während der ganzen Abrechnungsperiode zwischen den Inventuren (Geschäftsjahr) die Buchführung keine Auskunft über den bewerteten Warenbestand geben kann und auch die Erlöse aus Warenverkauf nicht um den Materialeinsatz bereinigt sind und somit der Gewinn/Rohgewinn nicht sichtbar ist. Insbesondere bei Einsatz eines EDV-Verfahrens bietet es sich ja geradezu an, Artikelstammsätze zu bilden und dort neben den Verkaufspreisen auch die Einstandspreise für den einzelnen Artikel zu hinterlegen. Das wäre ein wichtiger Schritt zur Materialwirtschaft (s. a. Abschnitt 5.4) und ermöglicht die maschinelle Bewertung des Vorratsvermögens. Vanessa kann sicher die Bestände ihres „Ladens" noch übersehen. Aber bei großem Warensortiment ist alleine schon aus Gründen der Einkaufsdisposition eine permanente Bestandsfortschreibung unerlässlich. Und wenn für die Materialwirtschaft die Bestände fortgeschrieben werden, sollte es selbstverständlich sein, dass auch die Buchhaltung diese Materialbewegungen erfasst, somit im Vorratsvermögen und auch in der Erfolgsrechnung auf dem Laufenden ist und den Materialeinsatz zeitnah bucht.

Ich muss an dieser Stelle einmal hervorheben, dass sich Vanessa an den ersten beiden Abenden der Nachhilfe ganz hervorragend geschlagen hat und mit dem bisherigen Stoff gut zurechtgekommen ist. Neben diesem verbalen Lob, das sich Vanessa wirklich redlich verdient hat, bekommt sie auch für ihren Weinhandel noch ein kleines Geschenk. Ihre Mutter verzichtet offiziell auf die Hälfte ihres geliehenen Geldes und schenkt Vanessa somit für den Weinhandel 1000 Euro. Die Buchung macht Vanessa sichtlich Spaß.

	Eigenkapital	
	Von Fremdk.	1000,00

	Fremdkapital	
an Eigenk.	1000,00	

4 Vorläufige Summenbilanz

An unserem dritten gemeinsamen Tag mit Vanessa verlassen wir einmal den Weinhandel und machen eine etwas ungewöhnliche Übung. Der Zweck heiligt die Mittel. Normalerweise dient eine vorläufige Summenbilanz dazu, die im Soll und im Haben aller Konten aufgelaufenen „Summen" darzustellen. Hier sind also sowohl die Bilanzkonten, als auch die Konten der Gewinn- und Verlustrechnung (GuV) untereinander aufgeführt und in je einer Soll- und einer Habenspalte die gebuchten Beträge auf dem entsprechenden Konto eingetragen. Somit stimmen zwangsläufig auch die Endsummen der Soll- und der Habenspalte überein. Wenn ich sage „ungewöhnliche Übung" und „der Zweck heiligt die Mittel", dann deshalb, weil ich Vanessa die Summenbilanz mit den Zahlen vorgebe und sie daraus wieder die einzelnen Konten mit diesen Summen aufzeichnen soll. Wir lassen also den Film rückwärts laufen, wenn man so will. Dabei möchte ich von Vanessa zu jedem Konto wissen, ob es sich um ein Konto der Vermögenswerte oder der Vermögensquellen handelt. Das ist doch schon eine schöne Übung! Außerdem soll Vanessa, der ich die Summenbilanz nicht schriftlich gebe, sondern mündlich ansage, mir sagen, ob der Saldo des betreffenden Kontos üblicherweise ein Sollsaldo oder ein Habensaldo ist und warum das so ist. Auch eine schöne Übung! Dazu kommen dann noch ein paar Abschlussbuchungen und die Verbuchung einer Gehaltsabrechnung, die wir uns für diesen Tag vorgenommen hatten. Aus den Warenkonten soll Vanessa selbst ersehen, dass der Wareneinsatz noch nicht gebucht sein kann, da auf dem Konto „Warenverkauf" nur im Haben gebucht ist. Hierzu nenne ich ihr mit den noch ausstehenden Buchungen auch den Inventurwert der Vorräte. Da es sich diesmal nicht um Buchungen aus dem kleinen Weinhandel handelt, können wir ruhig auch etwas größere Zahlen verwenden.

Legen wir los, die vorläufige Summenbilanz weist auf den einzelnen Konten folgende Summen aus:

	Soll	Haben
Geschäftsausstattung	90.000,00	
Forderungen aus LuL	251.000,00	235.000.00
Bank	249.100,00	249.000,00
Kasse	145.000,00	137.400,00
Wareneinkauf	306.000,00	1200,00
Bezugskosten	1840,00	
Gehälter	24.800,00	
Soz. Aufwendungen	4500,00	
Vorsteuer	3400,00	
Sonst. Ford. an Mitarbeiter	800,00	
Büromaterial	2000,00	
Porto	560,00	
Abschreibungen		
Verbindlichkeiten LuL	304.000,00	323.860,00
Kosten für Werbung	6000,00	

Eigenkapital		105.110,00
Stromkosten	3600,00	
Noch abzuführende Abgaben	7500,00	7500,00
Mehrwertsteuer		3000,00
Warenverkauf		343.700,00
Allgem. Verw.Kosten	5800,00	
Sonstige Erträge		340,00
Sonst. Aufwendungen	210,00	
	1.406.110,00	1.406.110,00

Vanessa bekommt nun von mir Blätter mit T-Konten, in die sie diese Summen wieder zurückführen soll. Ich sage ihr zunächst nur als Stichwort „Geschäftsausstattung" und Vanessa sagt mir dann „Vermögenswert" und „normalerweise ein Sollsaldo". Das gilt auch für die folgenden Positionen „Forderungen aus Lieferungen und Leistungen", „Bank", „Kasse" und „Wareneinkauf", wobei das Bankkonto durchaus auch einen Habensaldo haben und somit eine Schuld an die Bank darstellen kann. In diesem Fall wäre es auch kein „Vermögenswert", sondern eine „Vermögensquelle", nämlich Fremdkapital. Bei den „Bezugskosten" könnte man stocken. Da sie ein Unterkonto des Kontos „Wareneinkauf" sind und ja auch über dieses abgeschlossen werden, ist hier die richtige Antwort natürlich auch „Vermögenswert" und „normalerweise ein Sollsaldo". Bei den Gehältern hingegen handelt es sich um ein Kostenkonto, das bekanntlich über die Gewinn- und Verlustrechnung abschließt und das Eigenkapital mindert. Also gehört es zu den „Vermögensquellen", jedoch „normalerweise ein Sollsaldo". Genauso verhält es sich mit „Soz. Aufwendungen", „Büromaterial", „Porto", „Abschreibungen", „Kosten für Werbung", „Stromkosten", „Allgemeine Verwaltungskosten" und „Sonstige Aufwendungen", – all das sind Sollposten der GuV und schmälern somit das Eigenkapital. Der „Warenverkauf" ist ein Habenposten der GuV und erhöht somit das Eigenkapital; ebenso erhöhen „Sonstige Erträge" das Eigenkapital, also auch „Habenposten" und auch „Vermögensquelle".

Weitere Vermögenswerte in diesem Beispiel sind die „Vorsteuer" als Forderung an das Finanzamt und „sonstige Forderungen an Mitarbeiter". Vermögensquellen haben wir hier noch mit „Verbindlichkeiten aus Warenlieferungen und Leistungen", das „Eigenkapital", „Noch abzuführende Abgaben" und die „Mehrwertsteuer" als Verbindlichkeit an das Finanzamt.

So weit die Zuordnung der Positionen dieser Summenbilanz zu Vermögenswerten und Vermögensquellen.

Nachdem Vanessa hoffentlich mit Bravour diese Zuordnung hinbekommen und die Umsatzzahlen wieder auf die T-Konten zurückübertragen hat, kommen vor Erstellung der Schlussbilanz noch ein paar ungebuchte Geschäftsvorfälle:
1. Barverkauf 100,00 Euro zuz. 19 % MwSt.
2. Bareinzahlung bei der Bank 5000,00 Euro.

3. Gehaltszahlung: 1100,00 Euro brutto
   53,00 Euro Lohnsteuer
   5,30 Euro Kirchensteuer
   je 120,72 Euro Soz. Abgaben
   (Arbeitgeber- und Arbeitnehmeranteil)
   400,00 Euro einbehaltener Vorschuss.
4. Im Bankauszug sind gebucht:
   a) Netto-Gehalt belastet mit 520,98 Euro.
   b) Bareinzahlung gutgeschrieben 5000,00 Euro.
5. Auf die Anschaffungskosten der Geschäftsausstattung in Höhe von 100.000,00 Euro sind 10 % AfA direkt und linear für das laufende Jahr zu buchen.
6. Ein Kunde kauft Ware für 10.000,00 Euro zuzüglich 19 % MwSt, die er in 4 Wochen bezahlen will.
7. Ein Mitarbeiter bekommt einen Barvorschuss in Höhe von 300,00 Euro.
8. Der Inventurwert der Vorräte beträgt 30.000,00 Euro.

Vanessa zeigt sich von einer noch sympathischeren Seite. Nicht nur, dass sie ein von mir angebotenes alkoholfreies Bier mittrinkt – sie will kein Glas und trinkt auch aus der Flasche. Als alter Gelsenkirchener ist es für mich eine Selbstverständlichkeit, Bier aus der Flasche zu trinken. Das macht man im Ruhrgebiet so. Aber dass sich diesem Brauch eine junge bergische Dame anschließt, hat mich doch überrascht. Na, dann prost, Vanessa!

So, und nun an die Arbeit.

Aus den ausstehenden Buchungen ergeben sich folgende Buchungssätze:

1. Kasse 119,00 Euro
   an Warenverkauf   100,00 Euro
   und Mehrwertsteuer   19,00 Euro

2. Geldtransit an Kasse   5000,00 Euro

3. Gehälter 1100,00 Euro
   an Verbindlichkeiten Finanzamt w. Lohnsteuer   58,30 Euro
   Noch abzuführende Abgaben Soz.Vers.   120,72 Euro
   Sonst. Forderungen an Mitarbeiter   400,00 Euro
   Lohnabrechnungskonto   520,98 Euro
   Und für den Arbeitgeberanteil der Sozialversicherung:
   Soziale Abgaben an Noch abzuführende Abgaben Soz.Vers. 120,72 Euro

4. Lohnabrechnungskonto an Bank   520,98 Euro
   Bank an Geldtransit   5000,00 Euro

5. Abschreibungen auf Anlagen an Geschäftsausstattung   10.000,00 Euro

6. Forderungen aus Lieferungen und Leistungen 11.900,00 Euro
   an Warenverkauf 10.000,00 Euro
   und Mehrwertsteuer 1900,00 Euro
7. Sonst. Forderungen an Mitarbeiter an Kasse 300,00 Euro
8. Der Inventurbestand der Vorräte ist zwangsläufig der zu bilanzierende Wert der Vorräte. In unserem Beispiel sind die Wareneinsätze bisher nicht gebucht worden, sodass die Konten Wareneinkauf und Warenverkauf um die Einstandspreise der verkauften Erzeugnisse noch zu korrigieren sind. Da das Konto Bezugskosten auch noch einen Saldo ausweist (1840,00 Euro), ist dieser zunächst über das Konto Wareneinkauf abzuschließen. Das Konto Wareneinkauf zeigt dann folgendes Bild:

Wareneinkauf

| 306.000,00 Euro | 1200,00 Euro |
| 1840,00 Euro | |

Der Saldo daraus beträgt vorläufig 306.640,00 Euro. Laut Inventur verbleibt auf dem Konto ein Warenbestand in Höhe von 30.000,00 Euro. Daraus errechnet sich der Einstandspreis der verkauften Erzeugnisse mit 306.640 ./. 30.000 = 276.640,00 Euro.

Wir buchen also Warenverkauf an Wareneinkauf 276.640,00 Euro. Danach verbleibt auf dem Konto Wareneinkauf der Inventurbestand von 30.000,00 Euro, den wir in die Schlussbilanz abschließen und auf dem Konto Warenverkauf – das können Sie einmal nachrechnen – verbleiben Umsatzerlöse in Höhe von 77.160,00 Euro, die in die Gewinn- und Verlustrechnung (GuV) abschließen.

Ja, es war schon eine Menge an Konten abzuschließen, und Vanessa hat sich sehr tapfer und gut geschlagen und sämtliche Konten zum Abschluss gebracht. Ich will Ihnen, liebe Leser, die Darstellung der einzelnen Konten hier ersparen. Aber vielleicht nehmen Sie auch eine Flasche alkoholfreies Bier dazu – womit ich bitte jetzt keine Werbung für diese Branche machen möchte, es darf auch Sprudel oder Apfelsaft oder sonst was sein ... Himbeergeist und Kirschwasser würde ich jetzt nicht so sehr empfehlen – und machen Sie es wie Vanessa.

Führen Sie die Summenbilanz wieder zurück auf die Konten, verbuchen Sie die acht Geschäftsvorfälle und schließen sie dann alle Konten ab.

Als Ergebnis präsentiert Vanessa folgende GuV und Schlussbilanz. Es wäre doch ein schönes Erfolgserlebnis, wenn Ihr Abschluss zu dem gleichen Ergebnis kommt.

Gewinn- und Verlustrechnung (GuV)

Löhne und Gehälter	25.900,00	Warenverkauf	77.160,00
Sozialabgaben	4.620,72	Sonst. Erträge	340,00
Büromaterial	2000,00		
Porto	560,00		
AfA	10.000,00		
Werbung	6000,00		
Strom	3600,00		
Allgem. Verw.Kosten	5800,00		
Sonst. Aufwend.	210,00		
Gewinn	18.809,28		
	77.500,00		77.500,00

Schlussbilanz

Geschäftsausstattung	80.000,00	Eigenkapital	123.919,28
Forderungen LuL	27.900,00	Verb. a. Warenlief.	19.860,00
Sonst. Forderungen	700,00	Sonst. Verb. Finanzamt	58,30
Waren	30.000,00	MwSt Zahllast	1519,00
Bank	4579,02	Noch abzuf. Soz.Abgaben	241,44
Kasse	2.419,00		
	145.598,02		145.598,02

Und nun wünsche ich Ihnen ein schönes Erfolgserlebnis, wenn Ihre Gewinn- und Verlustrechnung und Ihre Schlussbilanz nach Abschluss aller Konten zu dem gleichen Ergebnis führt. Auf die Gliederung wollen wir hier keinen so kleinlichen Wert legen, in der Reihenfolge der Positionen habe ich Vanessa nicht widersprochen und Sie müssen dabei wiederum auch nicht mit Vanessa übereinstimmen. Aber so ein bisschen könnten Sie schon darauf achten, also die Aktivposten der Bilanz nach Flüssigkeit, zuerst das Anlagevermögen, dann das Umlaufvermögen und auf der Passivseite zuerst das Eigenkapital und dann das Fremdkapital. Dann haben Sie die wesentlichen Gliederungsvorschriften der Bilanz schon befolgt. Viel Spaß!

5 Wichtige Begriffe

Wir haben schon viel geschafft. In unserer vierten Doppelstunde möchte ich einfach nur, dass wir reden. Ganz wichtig: Sich auf Augenhöhe begegnen und unterhalten. Nur so macht Nachhilfe Spaß und jeder lernt von jedem.

Vanessa erzählte mir beim letzten Mal, dass sie manchmal Vorsteuer und Mehrwertsteuer miteinander verwechselt. Das ist für mich natürlich ein sehr wichtiger Hinweis, ihr Sinn und Zweck der Vorsteuer und der Mehrwertsteuer so zu erklären, dass sie es nicht mehr verwechseln wird. Auch die AfA schien mir noch etwas erklärungsbedürftig, ebenso die Verbuchung von Löhnen und Gehältern.

5.1 Was ist die Mehrwertsteuer?

Die Mehrwertsteuer ist eine Umsatzsteuer. Einige werden sich noch an einen Umsatzsteuersatz von 4 % erinnern, bevor die Mehrwertsteuer eingeführt wurde. Wenn wir eine Ware verkaufen oder eine Dienstleistung erbringen, hält der Staat seine Hand auf und will von dem erzielten Umsatz etwas haben. Das ist der Gedanke der Steuern.

Wenn Sie Einkünfte aus nichtselbständiger Arbeit haben, zahlen Sie Lohnsteuer. Als Unternehmer zahlen Sie aus Ihrem Gewinn Einkommen- oder Körperschaftssteuer und, wie vorstehend gesagt, Umsatzsteuer. Dann schimpfen wir gerne auf den bösen Staat, der uns zur Kasse bittet. Leider ist es in unseren Köpfen viel zu wenig präsent, dass wir selbst der Staat sind. Wir zahlen die Steuern an uns selbst. Wir zahlen sie solidarisch ein, um davon das gesamte Gebilde „Staat" zu unser aller Wohl und Nutzen funktionieren zu lassen. Das vergessen viele völlig. Leider verdrängen und vergessen das auch viele Politiker und Verantwortliche im öffentlichen Dienst viel zu häufig. Sie werden von uns beauftragt und bezahlt, um unsere Interessen zu vertreten und mit dem Geld in unserem Sinne zu wirtschaften. Wenn die steuerzahlenden Bürger – und das sind wir ja alle! – sich täglich darüber im Klaren wären, hätten wir manch einen längst aus seinem Amt gejagt. Ich finde, es ist eine interessante Denkweise, dass unter anderem auch das Finanzamt uns gehört.

Aber zurück zur Mehrwertsteuer. Im Gegensatz zur früheren Umsatzsteuer versteuern wir nach der Mehrwertsteuer nur den „Mehrwert" aus der getätigten Lieferung oder Leistung. Kaufen wir beispielsweise Ware für 300 Euro und verkaufen sie wieder für 650 Euro, dann zahlen wir auf den Mehrwert von 350 Euro die Umsatzsteuer. Unserem Kunden wiederum berechnen wir die Umsatzsteuer auf den Verkaufspreis von 650 Euro. Und hier kommt nun die Vorsteuer ins Spiel. Wir weisen dem Finanzamt gegenüber die Umsatzsteuer aus unserem Umsatz von 650 Euro nach und ziehen davon die selbst gezahlte Umsatzsteuer aus 300 Euro als sogenannte Vorsteuer wieder ab. Im Ergebnis zahlen wir also Umsatzsteuer auf den Mehrwert. Die Vorsteuer ist also lediglich ein Korrekturposten unserer Umsatzsteuer um den Anteil, den wir selbst schon mit unserer Eingangsrechnung an den Lieferanten bezahlt haben. Der Einzige in dieser Kette, der die Steuer in vollem Umfange zu tragen hat, ist der Endverbraucher, der sich die im Preis enthaltene Umsatzsteuer nirgendwo wiederholen kann. Für ihn wird die gesamte Umsatzsteuer Bestandteil des Preises der Ware oder der Leistung.

Ich hoffe, dass für Vanessa und auch für Sie nach diesen Ausführungen die Mehrwertsteuer etwas transparenter geworden ist. Und wenn Sie in Zukunft von unsinnigen Plänen und Ausgaben der Politiker in Bund, Ländern und in Ihrer Gemeinde hören und lesen, dann halten Sie es sich gegenwärtig, dass Sie diese Entscheidungen und Handlungen und deren Auswirkungen mit Ihrem Geld bezahlen! Vielleicht werden Sie dann den Herrschaften gegenüber etwas kritischer. Man sollte als Bürger gerne in den Topf „Staat" seine Steuer einzahlen, aber dazu kann es nur kommen, wenn die politisch Verantwortlichen auch verantwortungsbewusst mit unserem Geld umgehen.

Was das mit Buchführung zu tun hat? Sehr viel! Wir ermitteln nach bestem Wissen und Gewissen Umsatz und Ertrag, erstellen daraus wahrheitsgemäße Abschlüsse und Steuererklärungen und führen als gewissenhafte Staatsbürger diese Steuern in vollem Umfang und pünktlich an das Finanzamt ab. Dann haben wir auch ein fundamentales Recht darauf zu fragen, wer was mit diesem unserem Geld macht und den vom Hof zu jagen, der Schindluder damit treibt!!! Dafür nämlich, dass sie von Ihrem Geld leben, begegnen Ihnen einige Zeitgenossen doch sehr überheblich und arrogant, finden Sie nicht auch?

Nur der Vollständigkeit halber sei hier erwähnt, dass es für Kleinunternehmer Umsatzgrenzen gibt, bei deren Unterschreitung sie keine Umsatzsteuer zahlen müssen. Selbstverständlich sind sie dann auch nicht berechtigt, die Vorsteuer geltend zu machen. Kleinunternehmer können aber für die Umsatzsteuerpflicht **optieren**. Das heißt, sie können sich freiwillig mit ihren Umsätzen der Mehrwertsteuer unterwerfen. Das ist dann sinnvoll, wenn sie durch die Inanspruchnahme der Vorsteuer profitieren. Natürlich ist es auch eine Wettbewerbsfrage, da ein Kleinunternehmer seinen Kunden ja auch einen um die Mehrwertsteuer kleineren Preis anbieten kann als seine mehrwertsteuerpflichtigen Konkurrenten.

5.2 Abschreibungen auf das Anlagevermögen

Wenn wir von Abschreibungen auf das Anlagevermögen sprechen, meinen wir in der Regel die **AfA: „Absetzung für Abnutzung"**. Wozu ist das gut? Gebäude, technische Anlagen, bewegliche Anlagegüter, sie alle unterliegen der Abnutzung. Jeder, der sich mal ein neues Auto gekauft hat, kennt das. Kaum ist man vom Hof des Händlers gefahren, schon hat das gute Stück an Wert verloren. Und im Laufe der Jahre nutzen sich Anlagegüter ab. Um diesem Werteverlust gerecht zu werden, müssen wir unsere Anlagegüter im Zuge der Abnutzung neu bewerten, da wir sonst ein Vermögen ausweisen würden, das gar nicht mehr in der Höhe existiert. Und da diese Anlagegüter dem Betrieb dienen und betriebsnotwendig sind, brauchen wir eine Möglichkeit, sie auch über den Preis für unsere Erzeugnisse, Waren oder Dienstleistungen wieder zu refinanzieren. Das heißt, die AfA ist auch wesentlicher Bestandteil unserer Kalkulation. Diese Absetzung für Abnutzung erkennt auch das Finanzamt als gewinnmindernde Kosten an. Maßgebend für die steuerliche AfA ist naturgemäß auch die steuerliche Gesetzgebung. So gibt es beispielsweise eine sogenannte „Amtliche AfA-Tabelle" zur Ermittlung der jährlichen steuerlichen Abschreibungen. Hier ist festgelegt, welche Anlagegüter über welche „betriebsgewöhnliche" Nutzungsdauer und somit mit welchem prozentualen Abschreibungssatz jährlich abgeschrieben werden dürfen. Während handelsrechtlich nach wie vor verschiedene Abschreibungsmethoden zur Anwendung kommen, erkennt das Steuerrecht für Anlagegüter, die ab dem 1. Januar 2008 angeschafft worden sind, nur noch die lineare Abschreibung an. Jedoch darf im Rahmen eines Konjunkturprogramms der Bundesregierung für Anschaffungen in den Jahren 2009 und 2010 auch die degressive Abschreibung zur Anwendung kommen. „Linear" bedeutet, dass die Anschaffungskosten in gleich bleibenden jährlichen Abschreibungsbeträgen vermindert werden. Das heißt, dass beispielsweise ein Einrichtungsgegenstand, der laut AfA-Tabelle eine betriebsgewöhnliche Nutzungsdauer von 10 Jahren hat, jährlich mit 10 % abgeschrieben werden und somit steuermindernd geltend gemacht werden darf. Das Jahr 2008 hat einige weitere Änderungen bei der Abschreibung von Anlagegütern gebracht, die an dieser Stelle zu erwähnen sind.

Abschreibungen auf das Anlagevermögen 27

Während bis dahin sogenannte geringwertige Wirtschaftsgüter bis 410 Euro Anschaffungskosten im Jahr der Anschaffung abgeschrieben werden durften, werden diese nun über eine sogenannte „Poolbewertung" (s. u.) über 5 Jahre linear abgeschrieben. Und zwar ist ab dem Anschaffungsjahr steuerlich eine neue Wertgrenze wie folgt maßgebend:
Anlagegüter mit Anschaffungskosten bis 150 Euro sind sofort als Betriebsausgabe absetzbar, und zwar **ohne** Aufzeichnungspflicht im Anlagennachweis.
Das gilt aber nicht für die Erstbeschaffung, sondern nur für Ersatzbeschaffung.
Hierzu eine kleine Anmerkung: Diese Wertgrenze, so wie wir es auch bei den geringwertigen Wirtschaftsgütern schon kannten, hat immer auch Auswirkungen am Markt. Wer selbstständig nutzbare Anlagegüter um diese Wertgrenze herum anbietet, unterschreitet in seinem Angebot möglichst auch optisch noch diesen Wert um 1 Cent und bietet für 149,99 Euro sein Wirtschaftsgut mit der Argumentation an: „Das können Sie sofort als Betriebsausgabe absetzen". Recht hat er! Ein gutes Werbeargument.
Für selbstständig nutzbare Anlagegüter mit Anschaffungskosten von mehr als 150 Euro bis 1000 Euro gilt die bereits vorstehend erwähnte Poolbewertung.
Hierbei wird aus den angeschafften Anlagegütern jahresbezogen ein Sammelposten gebildet, der **über 5 Jahre linear mit 20 % abzuschreiben** ist. Die tatsächliche Nutzungsdauer der einzelnen Anlagegüter im Pool spielt dabei keine Rolle. Ebenso werden ausscheidende Anlagegüter aus diesem Sammelposten nicht berücksichtigt.
Anlagegüter mit Anschaffungskosten von mehr als 1000 Euro sind nach der amtlichen AfA-Tabelle abzuschreiben. Dies ist ab Zugangsjahr 2008 steuerlich nur noch linear zulässig. Für die Zugangsjahre 2009 und 2010 ist jedoch im Rahmen eines Konjunkturprogramms der Bundesregierung auch die degressive Abschreibung zulässig.
Wenn man hier bei der ab 2008 eingeführten Wertgrenze von über 150 bis 1000 Euro von kurzfristigen Anlagegütern und über 1000 von „langlebigen" An-

lagegütern spricht, ist das natürlich paradox. Ein simpler Vorschlaghammer „lebt" länger als ein kostspieliger Computer, und ich esse heute immer noch mit einem Löffel aus meinem Jugendbesteck. Die Langlebigkeit respektive Lebensdauer von den Anschaffungskosten abzuleiten, kann nicht ernst gemeint sein. Man sollte von der **Wertigkeit** sprechen, wenn es um Wertgrenzen geht. Die kaufmännische Gepflogenheit scheint sinnvoller, wonach kurzfristige Anlagegüter eine Lebensdauer von bis zu 15 Jahren (Einrichtung und Ausstattung), mittelfristige von über 15 bis 30 Jahren (technische Anlagen) und langfristige von mehr als 30 Jahren (Gebäude) haben.

Die handelsrechtliche AfA und die kalkulatorische Abschreibung müssen nicht mit der steuerlichen AfA übereinstimmen. Es gibt eine Reihe vernünftiger sachlicher Gründe, aus kaufmännischer Sicht von der steuerlichen Beurteilung abzuweichen. So muss zum Beispiel die vom Fiskus als „betriebsgewöhnlich" unterstellte und steuerlich anerkannte Nutzungsdauer nicht der tatsächlichen Nutzungsdauer eines Anlagegutes entsprechen. Infolgedessen kann für den Betrieb ein anderer Abschreibungssatz zum Beispiel für die Amortisation von Anlagegütern zur Anwendung kommen. Wenn wir an Produktionsmaschinen denken, muss die lineare Abschreibung nicht der tatsächlichen betrieblichen Abnutzung gerecht werden. Hier kommt teilweise die inzwischen steuerlich vorerst nur für die Jahre 2009 und 2010 zulässige **degressive Abschreibung** zur Anwendung, bei der nicht in gleich bleibenden Raten, sondern prozentual vom jeweiligen Restwert abgeschrieben wird. „Degressiv" bedeutet in fallenden Raten. Das führt natürlich teilweise zu wesentlich höheren AfA-Sätzen als bei der linearen Abschreibung. Ja, es gibt sogar im Bereich der kalkulatorischen Abschreibung stück- oder schichtbezogene Ansätze. Wenn man an die unterschiedliche Belastung oder Auslastung von Produktionsanlagen und Maschinen denkt, kann es unter Umständen sinnvoll sein, diese unterschiedlichen Abnutzungen auch in der Kalkulation wirksam werden zu lassen, um damit zu genaueren Werten für die Refinanzierung von Maschinen zu kommen.

Die Absetzung für Abnutzung hat also mehrere Funktionen. Sie ist Betriebsausgabe im Sinne des Steuerrechts und wirkt sich daher gewinnmindernd aus. Sie ist ebenso betrieblicher Aufwand, mindert den Gewinn und somit die Vermögensquelle „Eigenkapital". Gleichzeitig mindert die AfA den Vermögenswert „Anlagevermögen". Für die Kalkulation ist sie ebenfalls unverzichtbar, weil über den Preis der Leistungen die Refinanzierung und somit die Erhaltung des Anlagevermögens sichergestellt werden muss. Die kalkulatorische AfA geht deshalb in der Regel auch nicht von den Anschaffungs- oder Herstellkosten aus, sondern von den Wiederbeschaffungskosten der Anlagegüter.
Das Anlagevermögen ist zu Anschaffungs- oder Herstellkosten zu bewerten und zu bilanzieren. Dieser Wert vermindert sich um die AfA.
Zur buchhalterischen Handhabung sei noch erwähnt, dass man zwischen direkter und indirekter Abschreibung unterscheidet. Bei der direkten Abschreibung wird auf der Aktivseite der Bilanz der Wertansatz um die Abschreibung gemindert, also zum Restbuchwert, ausgewiesen. Bei der indirekten Abschreibung bleiben auf der

Aktivseite der Bilanz die Anschaffungskosten unverändert, und auf der Passivseite wird ihnen ein Posten „Wertberichtigung auf das Anlagevermögen" gegenübergestellt. Vorteil dieser Methode ist es, dass die Anschaffungskosten immer sichtbar bleiben und somit die Aussagekraft der Bilanz größer ist. Dazu sei angefügt, dass die Posten des Anlagevermögens in der Regel stille Reserven beinhalten. Dies ist insbesondere dann der Fall, wenn Anlagegüter bereits voll abgeschrieben sind, aber immer noch dem Betrieb dienen. Hier sind also noch Werte vorhanden, obwohl sie in der Bilanz keinen Ansatz mehr haben.

Ich habe vorstehend im Zusammenhang mit den neuen steuerlichen Wertgrenzen ab 2008 schon einmal das Wort „**Anlagennachweis**" erwähnt. Dieser Anlagennachweis, auch „**Anlagespiegel**" genannt, ist ergänzend zu den Konten und dem Jahresabschluss zu führen. In ihm sind die Anlagegüter fortzuschreiben mit dem Anschaffungsdatum, ihren Anschaffungskosten, jährlichen und kumulierten Abschreibungen und den sich daraus ergebenden Restbuchwerten. Somit ermöglicht der Anlagennachweis einen detaillierten Einblick in das gesamte Anlagevermögen.

5.3 Löhne und Gehälter

Darüber wollten wir auch noch einmal kurz sprechen. Etwas größere Unternehmen – größer als der Weinhandel von Vanessa – haben ein sogenanntes Lohnbüro, eine Lohnbuchhaltung oder eine Personalabteilung. Hier werden die Personalangelegenheiten der Mitarbeiter verwaltet und die an die Mitarbeiter auszuzahlenden Löhne und Gehälter ermittelt. Ich habe es nie begriffen, dass in der Gehaltsabrechnung fast so viele Mitarbeiter sitzen wie in der Lohnabrechnung. Während die Gehälter ja weitgehend gleich bleiben, verändern sich die Löhne durch Anfall und Bewertung der Arbeitsstunden ständig. Hinzu kommt noch, dass es in vielen Betrieben bei den Lohnempfängern unterschiedliche Zuschläge gibt, vom Akkordlohn ganz zu schweigen.

Das monatliche „Brutto" ist bei dem Angestellten das Gehalt und bei dem Arbeiter das Ergebnis aus geleisteten Arbeitsstunden mal Stundenlohn plus Zulagen. So könnte man es salopp sagen, wobei mir die Differenzierung zwischen Angestellten und Arbeitern in keiner Weise mehr zeitgemäß erscheint. Das heißt, zeitgemäß war diese Klassifizierung nie, man sollte von Stundenlohn oder Monatslohn sprechen. Mir hat das Beispiel einer großen Autowerkstatt imponiert, in der es der Chef seinen Mitarbeitern freigestellt hat, ob sie zu einem Stundenlohn oder zu einem Festlohn arbeiten wollen. „Ich möchte lieber ins Angestelltenverhältnis", hört man da die Entscheidung zum Festgehalt. Man sollte von diesen Begriffen abrücken und innerbetrieblich alle zu „Mitarbeitern" erklären.

Für die Buchhaltung stellt das monatliche „Brutto" Kosten dar, die zusammen mit dem Arbeitgeberanteil zur Sozialversicherung in die GuV wandern. Die Gegenbuchung ergibt sich einerseits aus den Einbehaltungen für Lohn- und Kirchensteuer sowie des Arbeitnehmeranteils zur Sozialversicherung (Krankenkasse, Pflege-, Renten- und Arbeitslosenversicherung), die zunächst **Sonstige Verbindlichkeiten** darstellen und dann per Banküberweisung bei Fälligkeit ausgeglichen werden. Ebenso sind eventuelle Lohnpfändungen, verrechnete Vorschüsse und dergleichen reine Finanzvorgänge und tangieren Forderungs- und Verbindlichkeitskonten. Kindergeld und sonstige staatliche Vergünstigungen, die das Unternehmen nicht selbst zu tragen hat, haben buchhalterisch den Charakter von **Durchlaufenden Posten**. Der verbleibende Nettobetrag wird auf ein Lohnabrechnungskonto gebucht, das sich ebenfalls bei Zahlung bzw. Überweisung durch die Bank wieder ausgleicht.

Im Gegensatz zur Buchhaltung ist für die Kostenrechnung eine weitaus größere Differenzierung der Löhne und Gehälter erforderlich und von größter Bedeutung. Hierfür werden die Löhne und Gehälter auf Kostenstellen verteilt, um eine verursachungsgerechte Zuordnung und Kostenermittlung zu erreichen. Schließlich braucht man zur Beurteilung der Wirtschaftlichkeit sowohl der Kostenstellen als auch der Kostenträger zuverlässige Zahlen über Selbstkosten und Deckungsbeiträge.

5.4 Wareneinkauf und Warenverkauf

Warum sind Wareneinkauf und Warenverkauf für unser Unternehmen eminent wichtig?

Die Buchführung hat ihre Pflicht getan, wenn sie den Wareneinkauf und den Warenverkauf ordnungsgemäß, zeitnah und richtig erfasst und bewertet und dieses Zahlenmaterial für die Unternehmensdisposition und Steuerung zur Verfügung stellt. Aber welche spannenden Vorgänge spielen sich im Wareneinkauf und im Warenverkauf tatsächlich ab?

5.4.1 Wareneinkauf

„Wareneinkauf", das ist Disposition, Beschaffung und Bereitstellung aller im Betrieb benötigten Wirtschaftsgüter in entsprechender Qualität, optimaler Menge und zu bestmöglichen Konditionen. Das klingt doch schon nach einer Herausforderung! Und die ist es auch. Ein gut oder ein schlecht organisierter Einkauf kann sich zum Wohle und Wehe im ganzen Unternehmen positiv oder negativ auswirken. Dementsprechend hat der Einkäufer besonders in einem großen Unternehmen entsprechende Fachkompetenz und Bedeutung. Hängt es doch auch von ihm ab, Produktion und Vertrieb nie stocken zu lassen und zur richtigen Zeit mit der richtigen Ware zu versorgen. Aber auch der kleine Weinladen von Vanessa kann nur existieren und funktionieren, wenn Vanessa über entsprechende Warenkenntnisse verfügt und weiß, wo man welche Weine bestellen muss, welchen Preis sie rechtfertigen, wie man sie lagert usw.

In größeren Betrieben braucht man einen Artikelstamm und bedient sich einer sogenannten **Materialwirtschaft**. Dort kann je nach Organisation und Schulung auch der Einkauf bereits die richtige Kontierung für die Eingangsrechnungen vorgeben und diese bereits in die Bestellungen integrieren. Während das bei Direkteinsatzmaterial im Kostenstellenbereich nicht immer möglich ist, bereitet die Zuordnung von Lagerkonten schon bei Auftragserteilung in der Regel keine Schwierigkeiten. Wesentliche Erkenntnisse einer Materialwirtschaft sind die Umschlagshäufigkeit und Umschlagsgeschwindigkeit der einzelnen Güter, daraus resultierend Bestell-Intervalle und Mindestbestellmengen. Das setzt natürlich voraus, dass nicht nur die Wareneingänge, sondern auch die Warenausgänge erfasst und fortgeschrieben werden. Dies dient einerseits der Lagerdisposition, hat andererseits aber auch enorme Vorteile für die kurzfristige Erfolgsrechnung, da jederzeit ein Abgleich des Waren-Ist-Bestandes möglich ist und die verkauften Erzeugnisse zu Einstandspreisen permanent vorliegen und auch verbucht werden können. Wir denken an unser letztes Beispiel mit der Summenbilanz und den Abschlussbuchungen, bei dem wir erst nach der Inventur den Warenbestand übernehmen und den Wareneinsatz verbuchen konnten. Die Materialwirtschaft ermöglicht uns hingegen eine permanente Inventur, auch wenn es sich durch die Fortschreibung um „Sollbestände" handelt. So können die aufbereiteten Zahlen der Materialwirtschaft beispielsweise monatlich in die Buchhaltung übernommen werden. Damit lassen sich die Buchbestände der Lagerkonten ständig mit den Sollbeständen der Einkaufsabteilung abgleichen. Insofern ist also auch die Buchführung in starkem Maße an einer aussagefähigen und funktionierenden Materialwirtschaft interessiert.

Waren sind nach dem sogenannten **Niederstwertprinzip** zu bewerten und zu bilanzieren. Was bedeutet das? Dahinter verbirgt sich das Prinzip der Vorsicht. Um den Vermögensausweis nicht „zu schönen", wendet man eine vorsichtige Vermögensbewertung an. Nehmen wir an, wir haben einen Artikel mit einem Einstandspreis von 1000 Euro im Warenbestand. Am Bilanzstichtag liegt aber der Marktwert dieses Artikels bei 1100 Euro. Dann bewerten wir ihn nach wie vor mit dem Einstandspreis von 1000 Euro in unserer Bilanz. Ist jedoch der Marktwert für diesen Artikel gesunken und liegt am Bilanzstichtag nur noch bei 900 Euro, dann setzen wir den Artikel auch in der Bilanz mit diesem **niederen** Wert von 900 Euro an.

Die **Bezugskosten** wie Fracht, Rollgeld, Transportversicherung und ggf. Einfuhrzoll gehören zum Wareneinkauf und somit zum Einstandspreis der Ware. Demzufolge ist das Konto „Bezugskosten" über das Konto „Wareneinkauf" abzuschließen.

5.4.2 Warenverkauf

Und der Warenverkauf? Wozu brauchen wir den? Die Antwort könnte man auch mithilfe einer Frage geben: Wie soll das Unternehmen existieren und wovon soll es Personal- und Sachkosten bezahlen, wenn es nix verkauft!? Da sind also Leute damit beschäftigt, den Markt und seinen Bedarf zu analysieren und für Aufträge und Umsatz zu sorgen. Auch das setzt natürlich gut geschultes Personal voraus. Wenn ich mir eine Stereoanlage kaufe, erwarte ich von dem Verkäufer, dass er weiß, wo sich der Knopf zum Einschalten befindet. Zu einem Autoverkäufer, der den Wagen nicht starten kann, haben wir nicht das volle Vertrauen, und auch von Vanessa erwartet der Kunde, dass sie das Anbaugebiet der angebotenen Weine kennt und auch ein bisschen Sommelière (Weinkennerin) ist, um auch den richtigen Wein zum richtigen Anlass empfehlen zu können. Sie kennen die Geschichte von dem guten Verkäufer wahrscheinlich, der dem Bauern eine Melkmaschine verkauft und dabei seine letzte Kuh in Zahlung nimmt. Verkaufsstrategie ist eine Kunst für sich, wobei die eigentliche Bedarfsweckung eher Aufgabe der Werbung ist, während der Verkäufer für das Fachgespräch und die Abwicklung zuständig ist.

Während wir bei einem Konto „**Wareneinkauf**" von einem **Vorratskonto** sprechen, auf dem unser Vermögenswert „Ware" gebucht ist, handelt es sich bei einem Konto „**Warenverkauf**" um ein **Erlöskonto**, das also nicht der Bilanz, sondern der Gewinn- und Verlustrechnung zuzuordnen ist und erst von dort der Vermögensquelle „Eigenkapital" zugeführt wird.

5.4.3 Mängelrüge, Rabatte, Skonto

Auch wenn sie in der Praxis nicht immer ganz angenehm sind, es gibt sowohl auf der Einkaufsseite als auch auf der Verkaufsseite Warenrücksendungen aufgrund falscher Lieferungen und Reklamationen, der sogenannten „**Mängelrüge**". Hierfür richtet man in der Buchhaltung separate Konten „Rücksendungen" ein. Handelt es sich um eine Rücksendung von uns an einen Lieferanten, wird dadurch der Wareneinkauf vermindert. Deshalb ist das Konto „Rücksendung an Lieferanten" auch über das Konto „Wareneinkauf" abzuschließen. Gleichzeitig vermindert sich durch die Rücksendung unsere Verbindlichkeit an den Lieferanten, oder, falls die Rechnung bereits bezahlt ist, entsteht eine Forderung an den Lieferanten. Rücksendungen von Kunden an uns schmälern den Umsatz und sind somit, ebenfalls unter Zwischenschaltung eines Kontos „Rücksendung von Kunden" über das Konto „Warenverkauf" zu buchen. Selbstverständlich ist beim Verkauf entsprechend die Umsatzsteuer und beim Einkauf die Vorsteuer zu korrigieren. Eine Mängelrüge kann auch „nur" in der Qualität der Ware begründet sein und anstelle einer Rücksendung zum Beispiel mit einem Preisnachlass erledigt werden. In diesem Fall erfolgt die Erteilung einer Teil-Gutschrift. Die Gutschrift eines Lieferanten wird über Wareneinkauf, die an einen Kunden über Warenverkauf gebucht.

Und da wir hier gerade von **Preisnachlässen** sprechen, wollen wir hier auch über die im Warenverkehr typischen und häufigen Preisnachlässe reden.

Da ist zunächst der **Rabatt** zu erwähnen. Üblich sind Mengenrabatt, Treuerabatt (nicht an den Freund, sondern für Lieferantentreue) und Wiederverkäuferrabatt. Wie der Name schon sagt, wird der **Mengenrabatt** für die Abnahme bestimmter Mengen an Ware gewährt. Er ist in der Regel nach Abnahmemengen gestaffelt. Je mehr der Kunde kauft, desto höher wird sein Rabatt. Der **Treuerabatt** soll den Kunden möglichst langfristig an den Lieferanten binden und ist eine Belohnung dafür, dass der Kunde lange Zeit bei dem Lieferanten kauft. Und der **Wiederverkäuferrabatt**, wie der Name sagt, wird einem Wiederverkäufer der Ware gewährt, es ist also eine Art Gewinnspanne für den Wiederverkäufer. Große Bau- und Handelsmärkte zum Beispiel, die auch an den Endverbraucher verkaufen, geben an die Wiederverkäufer besondere Rabatte. Der Elektrohandel kauft also im Baumarkt das Verteilerkabel wesentlich günstiger ein, als wir es dort als Normalverbraucher einkaufen würden. Erhaltene Rabatte mindern den Einstandspreis und somit den Wareneinkauf. Gewährte Rabatte mindern unsere Verkaufserlöse und somit den Warenverkauf.

Einen Rabatt habe ich hier unterschlagen, auf den mich Vanessa aufmerksam machte, und zwar den **Mitarbeiterrabatt**. Wie der Name sagt, handelt es sich um einen Rabatt, den Firmen ihren Mitarbeitern einräumt, wenn sie Artikel ihres Ar-

beitgebers kaufen. Das Finanzamt spricht davon, dass dies einen geldwerten Vorteil für den Mitarbeiter darstellt, der ggf. zu versteuern ist.
Bonus ist ebenfalls ein Preisnachlass. Er ist gebräuchlich als Umsatzbonus und wird erst am Ende einer Periode, in der Regel für das abgelaufene Geschäftsjahr, gewährt. Der Bonus ist mit dem Mengenrabatt vergleichbar, nur dass er sich nicht auf die abgenommene Menge pro Auftrag oder Lieferung bezieht, sondern auf den Jahresumsatz. Hierfür werden ebenfalls separate Konten „Lieferantenboni" für erhaltene Boni und „Kundenboni" für gewährte Boni geführt. Das Konto „Lieferantenboni" wird über „Wareneinkauf" und das Konto „Kundenboni" über Warenverkauf" abgeschlossen.
Und dann kennen wir schließlich noch **Skonto**. Beim Skonto handelt es sich um einen Barzahlungsrabatt. Er ist ein Anreiz zur vorzeitigen Bezahlung einer Rechnung. Insofern hat Skonto oder Skonti eher einen Zins-Charakter! Wenn man davon ausgeht, dass man eine Rechnung 20 Tage vor Fälligkeit bezahlt und dafür Skonto in Höhe von 3 % bekommt, ergibt das schon eine gigantische Zinsrechnung. Machen Sie mal den Ansatz hierfür:

20 Tage = 3 %
360 Tage = ?

Ja, Sie rechnen richtig, das ist das 18-Fache. Der effektive Zins beträgt also in diesem Fall 54 %. Wenn Sie nun dagegen halten, dass die Banken nach Wirtschaftskrise und Lachnummer ihrer Boni-Zahlungen an die leitenden Angestellten Ihnen 1,5 % Zinsen anbieten, dann ist es schon ein lukratives Geschäft, Skonto seiner Lieferanten in Anspruch zu nehmen. Aber das ist nicht erst seit der Wirtschaftskrise so, Skonto war immer schon ein äußerst interessanter Zinsertrag! Warum gewährt man ihn trotzdem? Natürlich um schneller an das Geld zu kommen und liquide zu sein. Hohe Außenstände sorgen oft für Engpässe in der Liquidität, sodass man an einer schnellen Zahlung der Kunden sehr interessiert ist. Hier ist Skonto natürlich ein guter Anreiz. Einen Teil kann man unter Umständen sogar dadurch kompensieren, dass man erst durch die Skontogewährung und den relativ schnellen Geldeingang selbst in der Lage ist, bei seinen Lieferanten Skonto in Anspruch zu nehmen. Wie unser kleines Rechenbeispiel zeigt, rechtfertigt sich für uns als Kunden sogar jederzeit eine Kreditinanspruchnahme bei der Bank, um von Lieferanten gewährten Skonto in Anspruch zu nehmen. Wer also über eine nicht ausgeschöpfte Kreditlinie bei der Bank verfügt, sollte sich Lieferanten-Skonti aus wirtschaftlichen Gründen nicht entgehen lassen.
Auch hier, wie bei allen Nachlässen, muss auf der Einkaufsseite die Vorsteuer und auf der Verkaufsseite die Umsatzsteuer natürlich entsprechend korrigiert werden. Erhaltene Skonti, also „Lieferanten-Skonti", werden über das Konto „Wareneinkauf" abgeschlossen, gewährte Skonti, also „Kunden-Skonti" über das Konto „Warenverkauf".

Selbstverständlich spielen sowohl beim Einkauf als auch beim Verkauf kaufmännische Gesichtspunkte, Überlegungen und Kenntnisse eine große Rolle. Wirtschaftliches Einkaufen und gewinnbringendes Verkaufen sind wichtig und oft die entscheidenden Säulen der Kapitalmaximierung eines Unternehmens. Dagegen kann ein fehlerhaft kalkulierter Großauftrag ein ganzes Unternehmen ins Wanken bringen. Auch die Kundenstruktur kann eine wesentliche Rolle für die Sicherheit eines Unternehmens spielen. Ein Großabnehmer beispielsweise kann einen Mittelbetrieb sehr wohl „am Leben" erhalten. Springt aber dieser eine Großabnehmer ab, dann ist in vielen Fällen besagter Zulieferer nicht mehr zu retten, weil er kein weiteres ausreichendes Kundenpotenzial hat. Aus dieser Sicht kann eine große Streuung an Einzelkunden auf die Dauer die sicherere Basis für kleinere Betriebe sein. Ich habe das hier nur einmal erwähnt, um auch für solche Fragen ein bisschen zu sensibilisieren. Vanessa ist mit ihrem erdachten kleinen Weinladen Einkäuferin, Verkäuferin, PR-Frau und Bilanzbuchhalterin in einer Person. Auch das sollte nicht unerwähnt bleiben.

Ansonsten wollte ich mit diesem Gespräch und diesen Themen in unserer vierten Doppelstunde die Kenntnisse weiter vertiefen, darüber hinaus aber auch ein bisschen für die kaufmännischen Berufe begeistern. Und nach den vielen Geschäftsvorfällen und Kontenabschlüssen können solche Betrachtungen auch die weitere Lernbereitschaft fördern. Beim nächsten Mal bereite ich mich dann auf ca. 100 Buchungssätze vor . . .

6 Buchungsbelege und Buchungskreise

Morgens um 9 Uhr ist normalerweise bei der Post schon alles in die Postfächer einsortiert. Viele Geschäftsleute und Firmen haben eine Postfachadresse und so ein Postfach. Dort können sie dann morgens ihre Post abholen und brauchen nicht auf den Zusteller zu warten. Da um diese Zeit, also nach 9 Uhr, ja auch in den Firmen die Mitarbeiter schon alle fleißig sind, ist es sehr nützlich und manchmal auch wichtig, die Eingangspost so früh wie möglich auf dem Schreibtisch zu haben und ggf. am gleichen Tage auch bearbeiten zu können. Also macht sich ein Mitarbeiter jeden Morgen auf den Weg zur Post. Das muss kein Azubi sein; denn der Auszubildende soll was lernen, und wie man durch die Stadt geht, das weiß er schon, und das muss man ihm nicht mehr beibringen! Ein paar Briefe, Angebote und die restlichen kuvertierten und frankierten Umschläge mit den Ausgangsrechnungen an unsere Kunden vom Vortage nimmt der „Bote" auch gleich mit zur Post.

Welche Post erwarten wir? Die Eingangspost ist so wichtig, dass es durchaus üblich ist, sie zuerst über den Tisch des Chefs laufen zu lassen oder zumindest in seinem Sekretariat abzugeben. Sie möchten sicher auch als Erster Ihre Post sehen. So erhält der Chef wichtige Informationen und einen schnellen Überblick über die Vorgänge seines Unternehmens mit Außenstehenden. Was kommt denn da in einer Firma an Post so alles an? Da kommen Briefe von Lieferanten, von Kunden und von sonstigen Leuten, von Firmen, Behörden usw. Da kommen Anfragen, Beschwerden, Rechnungen, Bestellungen, Reklamationen, Angebote, Prospekte und, und, und ... Manchmal ist auch eine Ansichtskarte von einem Mitarbeiter oder Kollegen dazwischen, der gerade in Urlaub ist. Mann, hat der es gut!

6.1 Buchungsbelege

Bei der täglichen Eingangspost lassen wir unsere fünfte Doppelstunde beginnen. Hier werden nämlich viele Geschäftsvorfälle der Buchführung ausgelöst. „Natürliche Belege" nennt man das. Da gibt es „Externe Belege" und „Interne Belege". Die „Externen" entstehen aus dem Verkehr mit Außenstehenden, also Lieferanten, Kunden, Banken usw. „Interne Belege" entstehen aus innerbetrieblichen Vorgängen, also Lohn- und Gehaltsabrechnungen, Arbeitsnachweise, Materialentnahmescheine des Lagers usw.
Wir wollen uns aber hier zunächst mit den „Externen Belegen" befassen. Das sind zum Beispiel die Eingangsrechnungen von Lieferanten, Gutschriften, Bankauszüge usw. Dazu gehören aber auch die Ausgangsrechnungen an Kunden bzw. deren Durchschriften, die ebenfalls „externe Buchungsbelege" darstellen. Die Belege landen letztendlich alle in der Buchhaltung und werden hier zur Buchung vorbereitet, gebucht und auch aufbewahrt. Alle Belege werden nach Belegarten sortiert, auf ihre rechnerische Richtigkeit geprüft, nummeriert, ggf. zu Sammelbuchungen zusammengefasst und kontiert.

Welches sind nun die wesentlichen Buchungsbelege, die täglich in der Buchhaltung anfallen? Aus der Eingangspost sind dies Rechnungen von Lieferanten und sonstige Rechnungen, Gutschriften und die Auszüge der Banken und Sparkassen. Dass die Eingangsrechnungen zunächst im Einkauf auf ihre sachliche Richtigkeit geprüft werden, sei hier nur am Rande erwähnt. Aus dem Hause kommen dazu die Durchschriften der Ausgangsrechnungen des Verkaufs bzw. der Auftragsabwicklung oder Leistungsabrechnung und von der Kasse die tägliche Kassenabrechnung.

Neben dem Grundsatz **„Keine Buchung ohne Gegenbuchung"** gibt es in der Buchhaltung den alten Grundsatz: **„Keine Buchung ohne Beleg"**.

6.2 Buchungskreise

Aus den vorstehend genannten Belegarten bildet der Buchhalter sogenannte „Buchungskreise". Die Bildung der Buchungskreise ist nicht gesetzlich geregelt, sondern eine Frage der Organisation. Allenfalls tangiert sie die Grundsätze ordnungsmäßiger Buchführung. Jeder Buchhalter wird aber selbst schnell feststellen, dass ein geordnetes Belegwesen und gut vorbereitete Belege seine Arbeit wesentlich erleichtern. Insofern ergibt sich aus der Praxis heraus ein Eigeninteresse zur Bildung von Buchungskreisen. Hierbei spielt natürlich auch die Formulargestaltung eine nicht unwesentliche Rolle. Wer jemals größere Mengen an Belegen in einem EDV-System oder auch am Buchungsautomaten erfasst hat, der weiß, wie wichtig und zeitsparend es ist, wenn die Daten gut angeordnet und lesbar sind. Es ist zum Beispiel wenig sinnvoll, einen Beleg für die Datenerfassung so zu gestalten, dass die Daten von der Positionierung des Stamm- oder Datensatzes wie Kraut und Rüben abweichen.

Welche Buchungskreise sind sinnvoll und ergeben sich aus der Praxis fast von allein? Im Wesentlichen sind dies vier Gruppen von natürlichen Belegen:
- Kasse,
- Banken,

- Debitoren,
- Kreditoren.

Mit diesen Buchungskreisen wollen wir uns hier befassen.

6.2.1 Buchungskreis Kasse

Die Ausgangsbasis für den Buchungskreis „Kasse" ist das Kassenbuch bzw. der tägliche Kassenabschluss mit seinen Eingängen und Ausgängen im „Bargeschäft". Was haben hier alle Buchungen gemeinsam? – Eines der angesprochenen Konten ist immer das Konto „Kasse". Bei Eingängen buchen wir also Kasse an ... und bei Ausgängen ... an Kasse. Wenn wir ein Exemplar des Kassenbuches als Buchungsbeleg verwenden, bietet es sich also doch an, dass wir das Sachkonto „Kasse" direkt im Beleg vorgedruckt haben und jeweils nur noch die Gegenbuchung kontieren müssen.

Schauen wir uns ein paar Kasseneingänge an:
- Wir haben Ware gegen bar verkauft.
- Ein Kunde hat seine Rechnung bar beglichen.
- Wir haben einen Betrag von unserem Bankkonto abgehoben und in die Kasse eingezahlt.

Auch auf ein paar Kassenausgänge werfen wir einen Blick:
- Wir haben Büromaterial bar bezahlt.
- Wir haben Rollgeld für einen Wareneingang bar bezahlt.
- Wir haben Ware gegen bar gekauft.
- Wir haben einem Mitarbeiter einen Barvorschuss gezahlt.
- Wir haben Briefmarken bar gekauft.
- Wir kaufen gegen Barzahlung ein Anlagegut.
- Wir zahlen den Barüberschuss aus der Tageseinnahme bei der Bank ein.

So, liebe Vanessa, damit haben wir die ersten zehn der „versprochenen" hundert Geschäftsvorfälle, aus denen Sie bitte jetzt die Buchungssätze bilden sollen. Drei dieser Geschäftsvorfälle betreffen den Kasseneingang. Wie beginnt somit jeweils der Buchungssatz? – Genau: Kasse an ... Vergessen Sie die Umsatzsteuer nicht. Wenn wir etwas verkaufen, fällt dann Vorsteuer oder Mehrwertsteuer an?

Die übrigen sieben Geschäftsvorfälle betreffen Kassenausgänge. Wir bekommen also eine Ware oder nehmen eine Leistung gegen Barzahlung in Anspruch. Der Kassenbestand wird dadurch kleiner, folglich lautet diesmal die Gegenbuchung „... an Kasse". Bilden Sie auch hier die Buchungssätze. Und wenn uns etwas berechnet wird, berechtigt uns das zum **Vorsteuer**-Abzug!

Datum, Belegnummer, Kasseneingänge, Kassenausgänge ... Was steht denn sonst noch im Kassenbuch? – Der Kassenanfangsbestand und der Kassenendbestand. Nachdem wir die Kassenbewegungen gebucht haben, können wir also den Saldo von unserem Konto „Kasse" mit dem Endbestand im Kassenbuch vergleichen und sehen, ob wir tatsächlich alle Posten berücksichtigt und wertmäßig richtig gebucht haben.

6.2.2 Buchungskreis Bank

Wir bekommen von jeder Bank, auf der wir ein Girokonto unterhalten, täglich einen Bankauszug. Genau wie bei der Kasse haben wir ja auch hier ein einheitliches Konto, das in jedem Geschäftsvorfall vorkommt. Bei Bank-Eingängen beginnt also hier der Buchungssatz mit „Bank an ..." und bei Bank-Ausgängen ist zu buchen „... an Bank." Wenn für die Verbuchung der Bankbewegungen Kontierungsbelege verwendet werden, kann man auch hier die Kontonummer von dem Sachkonto „Bank" auf dem Beleg direkt vordrucken.

Schauen wir uns auch hier ein paar Bewegungen, sprich Geschäftsvorfälle, auf dem Bankkonto an.
Auf der Eingangsseite:
- Die Bareinzahlung unserer Tageskasse vom Vortage ist gutgeschrieben.
- Ein Kunde hat seine Rechnung netto bezahlt.
- Ein Kunde hat seine Rechnung unter Abzug von Skonto bezahlt.
- Bei einem Zahlungseingang stellen wir fest, dass er gar nicht für uns bestimmt ist.

Belastet hat uns die Bank wie folgt:
- Unsere Überweisung an einen Lieferanten nach 30 Tagen netto.
- Abbuchung der Telefonrechnung.
- Wir haben eine Anzahlung auf eine Produktionsanlage geleistet.
- Unsere Zahlung an das Finanzamt für Mehrwertsteuer.
- Die fällige Lohn- und Kirchensteuer der Mitarbeiter.
- Überweisung an einen Lieferanten unter Abzug von Skonto.
- Eine Barabhebung.
- Überweisung von Rollgeld an unseren Hausspediteur.

So, Vanessa, auf geht's! Vier Eingänge, acht Ausgänge bei der Bank. Bilden Sie bitte die Buchungssätze.

Zu der Telefonrechnung und ggf. auch dem Rollgeld für den Hausspediteur ist anzumerken, dass diese Vorgänge in der Praxis kreditorisch gebucht werden. Das heißt, der Buchungssatz bei Abbuchung der Telefonrechnung würde nicht lauten „Telefonkosten an Bank", sondern „Kreditoren an Bank" (analog beim Rollgeld), da dem die Verbuchung der Rechnung vorausgegangen ist, nämlich „Telefonkosten an Kreditor" bzw. bei dem Rollgeld „Bezugskosten an Kreditor". Die Buchung der Bankbelastung gleicht dann das Verbindlichkeitskonto (= den Kreditor) wieder aus. Die Rechnungen für Telefonkosten, Rollgeld usw. werden also buchhalterisch genauso behandelt wie die Rechnungen der Lieferanten im Bereich Wareneinkauf.

6.2.3 Buchungskreis Debitoren

Bei den Debitoren handelt es sich um Forderungen an unsere Kunden. Hier geht es also um die Verbuchung der von uns ausgestellten Rechnungen (Ausgangsrechnungen). Das Konto „Forderungen aus Lieferungen und Leistungen" ist ein Sachkonto. Wenn man für jeden Kunden ein separates Kundenkonto einrichtet, spricht man vom „Kontokorrent". Diese Konten sind Personenkonten. Das Kontokorrent ist also eine Aufschlüsselung des Sachkontos „Forderungen". Wir wollen aber hier in unseren Beispielen die „Nebenbuchhaltung Debitoren" unberücksichtigt lassen und buchen somit auf dem Bestandskonto „Forderungen aus (Waren)lieferungen und Leistungen". Vielfach werden die Ausgangsrechnungen zur Verbuchung in einer „Rechnungsausgangsliste" zusammengefasst. Hier kann gleich eine Zuordnung und Summierung nach Erlösarten und somit Erlöskonten erfolgen.

Der klassische Geschäftsvorfall lautet hier:
- Rechnung für Warenlieferung an einen Kunden.

Besonderheiten, die beim Warenverkauf auftreten, wie auch gewährte Rabatte, Boni, Skonto und sonstige Erlösschmälerungen haben wir ja schon im vorigen Kapitel behandelt. Hier beschränken wir uns mal auf diesen einen Buchungssatz für den Geschäftsvorfall:
- „Warenverkauf auf Ziel."

6.2.4 Buchungskreis Kreditoren

Kreditoren sind Verbindlichkeiten. Hier geht es also um die Verbuchung der bei uns eingegangenen Rechnungen (Eingangsrechnungen). Das Bestandskonto hierfür lautet „Verbindlichkeiten aus Warenlieferungen und Leistungen". Wie bei den Debitoren, so wird auch bei den Kreditoren vielfach ein Kontokorrent geführt, in dem für jeden Lieferanten ein Personenkonto besteht. Auch hier ist die Summe der Personenkontensalden identisch mit dem Saldo auf dem Sachkonto „Verbindlichkeiten aus Warenlieferungen und Leistungen". Wer die Nebenbuchhaltungen über ein EDV-Verfahren organisiert, hat im Debitoren- oder Kreditorenstamm der Personenkonten gleich das zugehörige Sachkonto (Bestandskonto) erfasst, sodass maschinell eine Überleitung in die Geschäftsbuchhaltung erfolgen kann. Wir wollen aber in unseren Beispielen das Kontokorrent vernachlässigen und buchen direkt auf dem Sachkonto.

Schauen wir uns einmal ein paar Eingangsrechnungen an und verbuchen sie:
- Rechnung über eine Warenlieferung,
- Rechnung über eine Warenlieferung einschließlich Fracht und Verpackung,
- Rechnung über Telefonkosten,
- Rechnung für die Reparatur einer Maschine,
- Rechnung für geliefertes Büromaterial,
- Rechnung über einen neuen Computer,
- Stromrechnung,
- Gutschrift eines Lieferanten für nachträglich gewährten Rabatt,

- Gutschrift eines Lieferanten für Warenrücksendung,
- Gutschrift eines Lieferanten für Jahresbonus.

Daraus bildet Vanessa jetzt wieder die richtigen Buchungssätze.
Auch die Eingangsrechnungen können in einer sogenannten Rechnungseingangsliste zusammengefasst werden. Üblich ist die Verwendung von Kontierungsbelegen, die an die entsprechenden Rechnungen geheftet werden. Über diese Kontierungsbelege kann neben den Angaben wie Rechnungsnummer, Datum, Sollkontierung, ggf. Kostenstelle und Habenkontierung auch durch entsprechende Zahlungskennzeichen die Fälligkeit einschließlich der Inanspruchnahme von Skonto gesteuert werden. Auch an dieser Stelle sei noch einmal erwähnt, dass als Habenkontierung einer Eingangsrechnung in der Praxis weniger das Sachkonto „Verbindlichkeiten aus Warenlieferungen und Leistungen" als vielmehr die einzelnen Personenkonten der Kreditoren angesprochen werden. Das hat ja auch den Effekt, dass in dem Kontenstamm der einzelnen Kreditoren gleichzeitig die Bankverbindungen gespeichert sind, sodass automatisch bei Fälligkeit auch die Überweisungen an die Lieferanten ausgelöst werden können.
So viel zu den wesentlichen und sinnvollen Buchungskreisen.

6.3 Bildung von Buchungssätzen

So Vanessa, jetzt geht's los mit den angedrohten Geschäftsvorfällen zur Bildung von Buchungssätzen. Wir machen das heute mal so, wie wir es bei den vier Buchungskreisen angefangen haben. Ich nenne Ihnen die Geschäftsvorfälle ohne Beträge, und Sie sagen mir dazu die Buchungssätze mit den beteiligten Konten.

Folgende Geschäftsvorfälle liegen vor:
- Wir kaufen Ware auf Ziel.
- Wir bezahlen die Löhne und Gehälter durch Banküberweisung.
- Wir heben einen Betrag von der Bank ab.
- Wir verkaufen Ware auf Rechnung.
- Der Kunde bezahlt unsere Rechnung abzüglich Skonto.
- Wir überweisen die Sozialabgaben an die Krankenkasse.
- Wir kaufen neue Büromöbel auf Rechnung.
- Wir bezahlen die Fracht für den Wareneingang in bar.
- Wir überweisen Lohn- und Kirchensteuer an das Finanzamt.
- Ein Kunde bezahlt seine Rechnung bar.
- Wir bezahlen Rollgeld für bezogene Ware aus der Kasse.
- Wir kaufen Briefmarken gegen bar.
- Wir zahlen Geld bei der Bank ein.
- Wir buchen Gehälter abzüglich Lohn- und Kirchensteuer sowie Sozialabgaben.
- Wir buchen den Arbeitgeberanteil der Sozialabgaben.
- Wir bezahlen die Rechnung für Büromöbel mit Skontoabzug.
- Ein Kunde bezahlt nach 30 Tagen unsere Rechnung.
- Ein Lieferant überweist uns einen Jahresbonus.

- Wir kaufen Ware gegen Barzahlung abzüglich Skonto.
- Wir kaufen Kopierpapier gegen bar.
- Wir verbuchen die Telefonrechnung.
- Wir überweisen einbehaltene Pfändungen.
- Wir buchen eine Wareneingangsrechnung.
- Wir buchen von unserem Lieferanten nachträglich berechnete Frachtkosten.
- Wir überweisen die Zahllast an das Finanzamt.
- Ein Kunde schickt uns per Bank eine Anzahlung auf unsere Rechnung.
- Wir bekommen eine Warenrechnung.
- Wir bezahlen die Warenrechnung abzüglich Skonto per Bank.
- Wir schicken einem Kunden eine Bonusgutschrift.
- Wir verbuchen eine Warenausgangsrechnung an einen Kunden.
- Ein Kunde bezahlt die Rechnung innerhalb acht Tagen mit Skontoabzug.
- Die Bank bucht das Abo für eine Fachzeitschrift ab (% MwSt? – Vergleich Lebensmittel).

Hundert Buchungssätze wären ein bisschen viel gewesen. Da wir es nicht ganz erreicht haben, zum Schluss noch zwei Geschäftsvorfälle mit Zahlen:
- Wir kaufen gegen bar im Schreibwarengeschäft Schreibblöcke für 3,57 Euro, einen Duden für 8,56 Euro und einen Kugelschreiber für 5,95 Euro brutto.
- Vanessa verkauft in ihrem Weinladen gegen bar Weine für 142,80 Euro brutto und gewährt dem Kunden 3 % Skonto.

Mit der richtigen Verbuchung dieser beiden Geschäftsvorfälle beenden wir dann auch erfolgreich unsere fünfte gemeinsame Doppelstunde.

6.4 Lösungen zu Buchungskreisen und Buchungssätzen

Bevor ich mich auf die nächste Stunde vorbereite, hier noch einmal zum Nachlesen die Buchungssätze, die wir zu den einzelnen Geschäftsvorfällen unserer letzten Stunde gebildet haben.

6.4.1 Lösungen Buchungskreis Kasse

Kasseneingänge:
- Wir haben Ware gegen bar verkauft: *Kasse an Warenverkauf und Mehrwertsteuer.*
- Ein Kunde hat seine Rechnung bar beglichen: *Kasse an Forderungen.*
- Wir haben einen Betrag von unserem Bankkonto abgehoben und in die Kasse eingezahlt: *Kasse an Geldtransit (sonst an Bank).*

Kassenausgänge:
- Wir haben Büromaterial bar bezahlt: *Büromaterial und Vorsteuer an Kasse.*
- Wir haben Rollgeld für einen Wareneingang bar bezahlt: *Bezugskosten und Vorsteuer an Kasse.*
- Wir haben Ware gegen bar gekauft: *Wareneinkauf und Vorsteuer an Kasse.*
- Wir haben einem Mitarbeiter einen Barvorschuss gezahlt: *Vorschüsse an Kasse.*

- Wir haben Briefmarken bar gekauft: *Porto an Kasse*.
- Wir kaufen gegen Barzahlung ein Anlagegut: *Anlagevermögen (z. B. Einrichtung und Ausstattung) und Vorsteuer an Kasse*.
- Wir zahlen den Barüberschuss aus der Tageseinnahme bei der Bank ein: *Geldtransit (sonst Bank) an Kasse*.

6.4.2 Lösungen Buchungskreis Bank

Bank-Eingänge/Gutschriften:
- Die Bareinzahlung unserer Tageskasse vom Vortage ist gutgeschrieben: *Bank an Geldtransit*.
- Ein Kunde hat seine Rechnung netto bezahlt: *Bank an Forderungen*.
- Ein Kunde hat seine Rechnung unter Abzug von Skonto bezahlt: *Bank und Kunden-Skonto an Forderungen, Mehrwertsteuer an Kunden-Skonto*.
- Bei einem Zahlungseingang stellen wir fest, dass er gar nicht für uns bestimmt ist: *Bank an Sonstige Verbindlichkeiten*.

Bank-Ausgänge:
- Unsere Überweisung an einen Lieferanten nach 30 Tagen netto: *Verbindlichkeiten an Bank*.
- Abbuchung der Telefonrechnung: *Verbindlichkeiten an Bank (wenn die Rechnung kreditorisch gebucht wird); sonst Telefon/Kommunikationskosten und z. T. Vorsteuer an Bank*.
- Wir haben eine Anzahlung auf eine Produktionsanlage geleistet: *Anzahlung auf das Anlagevermögen an Bank*.
- Unsere Zahlung an das Finanzamt für Mehrwertsteuer: *Mehrwertsteuer (oder Zahllast) an Bank*.
- Die fällige Lohn- und Kirchensteuer der Mitarbeiter: *Lohn- u. Kirchensteuer (Sonst. Verbindlichkeiten oder abzuf. Abgaben) an Bank*.
- Überweisung an einen Lieferanten unter Abzug von Skonto: *Verbindlichkeiten an Bank und Lieferanten-Skonti, Lieferanten-Skonti an Vorsteuer*.
- Eine Barabhebung: *Geldtransit (sonst Kasse) an Bank*.
- Überweisung von Rollgeld an unseren Hausspediteur: *Verbindlichkeiten an Bank (wenn kreditorisch gebucht); sonst: Bezugskosten und Vorsteuer an Bank*.

6.4.3 Lösungen Buchungskreis Debitoren

In diesem Buchungskreis haben wir uns auf einen Geschäftsvorfall beschränkt:
- Rechnung für Warenlieferung an einen Kunden: und dazu gesagt: „Warenverkauf auf Ziel". Der Buchungssatz hierzu lautet: *Forderungen an Warenverkauf und Mehrwertsteuer*.

6.4.4 Lösungen Buchungskreis Kreditoren

Im Buchungskreis Kreditoren hatten wir folgende Geschäftsvorfälle:
- Rechnung über eine Warenlieferung: *Wareneinkauf und Vorsteuer an Verbindlichkeiten*.
- Rechnung über eine Warenlieferung einschließlich Fracht und Verpackung: *Wareneinkauf sowie Bezugskosten und Vorsteuer an Verbindlichkeiten*.
- Rechnung über Telefonkosten: *Telefon/Kommunikationskosten und z. T. Vorsteuer an Verbindlichkeiten*.
- Rechnung für die Reparatur einer Maschine: *Instandhaltung und Vorsteuer an Verbindlichkeiten*.
- Rechnung für geliefertes Büromaterial: *Büromaterial und Vorsteuer an Verbindlichkeiten*.
- Rechnung über einen neuen Computer: *Einrichtung/Ausstattung und Vorsteuer an Verbindlichkeiten*.
- Stromrechnung: *Stromkosten/Energie und Vorsteuer an Verbindlichkeiten*.
- Gutschrift eines Lieferanten für nachträglich gewährten Rabatt: *Verbindlichkeiten an Wareneinkauf und Vorsteuer*.
- Gutschrift eines Lieferanten für Warenrücksendung: *Verbindlichkeiten an Wareneinkauf und Vorsteuer*.
- Gutschrift eines Lieferanten für Jahresbonus: *Verbindlichkeiten an Boni und Vorsteuer*.

Das waren die Geschäftsvorfälle im Rahmen der besprochenen vier Buchungskreise.

6.4.5 Lösung weiterer Buchungssätze

Und dann hatten wir in Abschnitt 6.3 noch eine größere Anzahl von unsortierten Geschäftsvorfällen. Auch dazu nachstehend jeweils der entsprechende Buchungssatz:
- Wir kaufen Ware auf Ziel: *Wareneinkauf und Vorsteuer an Verbindlichkeiten*.
- Wir bezahlen die Löhne und Gehälter durch Banküberweisung: *Lohnabrechnungskonto an Bank*.
- Wir heben einen Betrag von der Bank ab: *Geldtransit (sonst Kasse) an Bank*.
- Wir verkaufen Ware auf Rechnung: *Forderungen an Warenverkauf und Mehrwertsteuer*.
- Der Kunde bezahlt unsere Rechnung abzüglich Skonto: *Bank und Kunden-Skonti an Forderungen, Mehrwertsteuer an Kunden-Skonti*.
- Wir überweisen die Sozialabgaben an die Krankenkasse: *Noch abzuführende Abgaben an Bank*.
- Wir kaufen neue Büromöbel auf Rechnung: *Büro-/Geschäftsausstattung und Vorsteuer an Verbindlichkeiten*.
- Wir bezahlen die Fracht für den Wareneingang in bar: *Bezugskosten und Vorsteuer an Kasse*.
- Wir überweisen Lohn- und Kirchensteuer an das Finanzamt: *Lohn-/Kirchensteuer (noch abzuf. Abgaben) an Bank*.

- Ein Kunde bezahlt seine Rechnung bar: *Kasse an Forderungen.*
- Wir bezahlen Rollgeld für bezogene Ware aus der Kasse: *Bezugskosten und Vorsteuer an Kasse.*
- Wir kaufen Briefmarken gegen bar: *Portokosten an Kasse.*
- Wir zahlen Geld bei der Bank ein: *Geldtransit (sonst Bank) an Kasse.*
- Wir buchen Gehälter abzüglich Lohn- und Kirchensteuer sowie Sozialabgaben: *Gehälter an Lohn-/Kirchensteuer und Noch abzuführende Abgaben und Lohnabrechnungskonto.*
- Wir buchen den Arbeitgeberanteil der Sozialabgaben: *Soz. Aufwendungen an Noch abzuführende Abgaben.*
- Wir bezahlen die Rechnung für Büromöbel mit Skontoabzug: *Verbindlichkeiten an Bank und Lieferanten-Skonti, Lieferanten-Skonti an Vorsteuer.*
- Ein Kunde bezahlt nach 30 Tagen unsere Rechnung: *Bank an Forderungen.*
- Ein Lieferant überweist uns einen Jahresbonus: *Bank an Boni (wenn die Gutschrift nicht kreditorisch gebucht wurde), Boni an Vorsteuer.*
- Wir kaufen Ware gegen Barzahlung abzüglich Skonto: *Wareneinkauf und Vorsteuer an Kasse und Lieferanten-Skonti.*
- Wir kaufen Kopierpapier gegen bar: *Büromaterial und Vorsteuer an Kasse.*
- Wir verbuchen die Telefonrechnung: *Telefonkosten/Kommunikationskosten und z. T. Vorsteuer an Verbindlichkeiten.*
- Wir überweisen einbehaltene Pfändungen: *Pfändungen (Sonst. Verbindlichkeiten) an Bank.*
- Wir buchen eine Wareneingangsrechnung: *Wareneinkauf und Vorsteuer an Verbindlichkeiten.*
- Wir buchen von unserem Lieferanten nachträglich berechnete Frachtkosten: *Bezugskosten und Vorsteuer an Verbindlichkeiten.*
- Wir überweisen die Zahllast an das Finanzamt: *Mehrwertsteuer/Zahllast an Bank.*
- Ein Kunde schickt uns per Bank eine Anzahlung auf unsere Rechnung: *Bank an Forderungen.*
- Wir bekommen eine Warenrechnung: *Wareneinkauf und Vorsteuer an Verbindlichkeiten.*
- Wir bezahlen die Warenrechnung abzüglich Skonto per Bank: *Verbindlichkeiten an Bank und Lieferanten-Skonti. Lieferanten-Skonti an Vorsteuer.*
- Wir schicken einem Kunden eine Bonusgutschrift: *Kundenboni und Mehrwertsteuer an Forderungen.*
- Wir verbuchen eine Warenausgangsrechnung an einen Kunden: *Forderungen an Warenverkauf und Mehrwertsteuer.*
- Ein Kunde bezahlt die Rechnung innerhalb 8 Tagen mit Skontoabzug: *Bank und Kunden-Skonti an Forderungen, Mehrwertsteuer an Kunden-Skonti.*
- Die Bank bucht das Abo für eine Fachzeitschrift ab (% MwSt? – Vergleich Lebensmittel): *Verbindlichkeiten an Bank (wenn kreditorisch gebucht); sonst Zeitschriften und Vorsteuer an Bank.* Für Zeitschriften gilt der ermäßigte Steuersatz, zurzeit 7 %.

Hundert Buchungssätze wären ein bisschen viel gewesen. Da wir es nicht ganz erreicht haben, hatten wir zum Schluss noch zwei Geschäftsvorfälle mit Zahlen:
– Wir kaufen gegen bar im Schreibwarengeschäft Schreibblöcke für 3,57 Euro, einen Duden für 8,56 Euro und einen Kugelschreiber für 5,95 Euro brutto.

Da in den Preisen der Artikel die Mehrwertsteuer enthalten ist, mussten wir „im Hundert" rechnen:
3,57 : 1,19 = 3,00 Euro Warenwert und 0,57 Euro Vorsteuer; 8,56 : 1,07 = 8,00 Euro Warenwert und 0,56 Euro Vorsteuer (ermäßigter Steuersatz!); 5,95 : 1,19 = 5,00 Euro Warenwert und 0,95 Euro Vorsteuer.
Für den Duden hatten wir kein separates Konto eingerichtet, sodass Vanessa vorgeschlagen hat, alles auf Büromaterial zu buchen.
Der richtige Buchungssatz war demnach:
– *Büromaterial 16,00 Euro und Vorsteuer 2,08 Euro an Kasse 18,08 Euro.*

Dann noch die letzte Buchung für diesen Tag:
– Vanessa verkauft in ihrem Weinladen gegen bar Weine für 142,80 Euro brutto und gewährt dem Kunden 3 % Skonto.

Hier haben wir auch wieder zunächst den Warenwert und die Mehrwertsteuer „im Hundert" ermittelt, also 142,80 : 1,19 = 120,00 Euro Warenwert und 22,80 Euro Mehrwertsteuer. Der Kunde zahlte 142,80 ./. 3 % (4,28 Euro) = 138,52 Euro.
– 1. Buchung: *Kasse 138,52 Euro und Kunden-Skonti 4,28 Euro an Warenverkauf 120,00 Euro und MwSt 22,80 Euro.*
– 2. Buchung: *Mehrwertsteuer an Kunden-Skonti 0,68 Euro.*

Zur Kontrolle haben wir anschließend zu dieser Buchung eine Verprobung vorgenommen. Auf dem Konto „Mehrwertsteuer" haben wir gebucht 22,80 Euro im Haben und 0,68 Euro im Soll, der Saldo beträgt somit 22,12 Euro.
Unser Umsatz beträgt 120,00 Euro ./. 3 % Skonto (3,60) = 116,40 Euro. Darauf schulden wir dem Finanzamt 19 % Mehrwertsteuer, das sind somit 22,12 Euro, und die stehen als Saldo auf unserem Konto Mehrwertsteuer.
Auf dem Konto „Warenverkauf" haben wir im Haben 120,00 Euro gebucht, auf dem Konto „Kunden-Skonti" im Soll 4,28 Euro und im Haben 0,68 Euro, der Saldo daraus ergibt wieder die 3,60 Euro. Wenn wir das Konto „Kunden-Skonti" über das Konto „Warenverkauf" abschließen, stehen also auf dem Konto Warenverkauf im Haben 120,00 Euro und im Soll 3,60 Euro, das macht einen Saldo von 116,40 Euro. Das stimmt wieder mit dem vorstehend ermittelten Umsatzerlös überein, den wir auch mit 19 % versteuert haben.

Wir haben also an diesem kleinen Zahlenspiel einmal nachgewiesen, dass wir den Vorgang richtig und schlüssig verbucht haben.

Ich glaube, ich hatte unter den Zettel mit der Verprobung, den Vanessa mitgenommen hat, geschrieben: „So einfach und so schön ist Buchführung ..."

7 Grundsätzliches

Manchmal, wenn Vanessa einen besonders langen und anstrengenden Arbeitstag hatte, kann es vorkommen, dass sie noch Forderungen und Verbindlichkeiten verwechselt, oder die Vorsteuer mit der Mehrwertsteuer, oder ein Bestandskonto mit einem Erfolgskonto – oder sogar Soll und Haben. Dann ist sie einfach müde, und das Gehirn kann sich schönere Dinge vorstellen als Buchführung.

Deshalb nenne ich unsere nächste Doppelstunde einfach „Grundsätzliches" und möchte ein paar Sachen üben, die man auch im Schlaf können sollte.

In den letzten beiden Stunden habe ich das, was wir gemacht haben, ausgedruckt, und Vanessa hat es mitgenommen, weil sie es sich zu Hause noch einmal ansehen wollte. Für heute habe ich mich zur Abwechslung einmal ganz anders vorbereitet und Zettel im Format DIN-A5 geschrieben. Damit möchte ich diese grundsätzlichen Dinge, die man meines Erachtens im Schlaf können sollte, so vertiefen, dass wir auch am sechsten Tag ein absolutes Erfolgserlebnis haben.

Die Frage, was ihr diese etwas ungewöhnliche Art einer Buchführungsstunde gebracht hat, soll Vanessa am Ende der Stunde beantworten. Insbesondere, ob ich damit das Ziel erreicht habe, die Verwechslungen von Konten sowie von Soll und Haben unwahrscheinlicher gemacht zu haben.

Dann können wir jetzt das Spiel mit den Zetteln beginnen.

7.1 Fragen zu Grundbegriffen

Auf dem 1. Zettel, den ich Vanessa vorlese und ihr dann überreiche, steht die Frage:

> Wie nennt man es, wenn ich von jemandem Geld zu bekommen habe?
> *Ich habe an ihn* …

Nachdem Vanessa das beantwortet hat, schreibt sie die richtige Antwort auf den Zettel.

2. Zettel:

> Wie nennt man es, wenn jemand von mir Geld zu bekommen hat?
> *Ich habe an ihn* …

Vanessa antwortet wieder zuerst, schreibt dann wieder die richtige Antwort auf den Zettel und legt ihn als zweite Trophäe zu der ersten. Das erinnert ein bisschen an eine gewonnene Karte beim Memory oder beim Denk fix.

Wenn Vanessa eine falsche Antwort gibt, sprechen wir darüber, wie es richtig hätte sein müssen, und der Zettel kommt ohne Antwort wieder ganz unten unter den Packen der noch nicht beantworteten Zettel.

3. Zettel:

> Wenn ich eine Ware verkaufe, die ich nicht sofort bezahlt bekomme, habe ich eine …

Fragen zu Grundbegriffen

4. Zettel:

Wenn ich eine Ware kaufe, die ich nicht sofort bezahle, habe ich eine … … … …
… …

5. Zettel:

Wenn ich an Sie eine Forderung habe, dann haben Sie an mich eine … … … … …
… …

6. Zettel:

Wenn ich an Sie eine Verbindlichkeit habe, dann haben Sie an mich eine … … …
… …

7. Zettel:

Wie lautet der Buchungssatz für eine Eingangsrechnung?

8. Zettel:

Wie lautet der Buchungssatz für eine Ausgangsrechnung?

9. Zettel:

Von einer Eingangsrechnung buche ich Vorsteuer oder Mehrwertsteuer?

10. Zettel:

Von einer Ausgangsrechnung buche ich Vorsteuer oder Mehrwertsteuer?

Na, Vanessa, wie viele Zettel liegen bei Ihnen? – Zehn wäre super!

Wir wiederholen die Buchungssätze noch einmal mit der Ware in abgewandelter Form:

Der Käufer einer Ware bucht … … … … … … … … … … … … … … … … … … …
Der Verkäufer einer Ware bucht … … … … … … … … … … … … … … … … … …

11. Zettel:

Einen Wareneinkauf buche ich auf dem Wareneinkaufskonto im Soll oder im Haben?

12. Zettel:

> Einen Warenverkauf buche ich auf dem Warenverkaufskonto im Soll oder im Haben?

13. Zettel: Gibt es nicht!

14. Zettel:

> Die Vorsteuer buche ich auf dem Vorsteuerkonto im Soll oder im Haben?

15. Zettel:

> Die Mehrwertsteuer buche ich auf dem Mehrwertsteuerkonto im Soll oder im Haben?

16. Zettel:

> Die Vorsteuer gehört zur Eingangsrechnung oder zur Ausgangsrechnung?

17. Zettel:

> Die Mehrwertsteuer gehört zur Eingangsrechnung oder zur Ausgangsrechnung?

18. Zettel:

> Wenn ich Ihnen Mehrwertsteuer berechne, ist das für Sie … … … … … … … … …
> …

19. Zettel:

> Zugänge von Vermögenswerten wie Anlagevermögen, Waren, Forderungen, Bank, Kasse stehen auf dem Konto immer links oder rechts?

20. Zettel:

> Kosten stehen auf den Kostenkonten immer links oder rechts?

21. Zettel:

> Umsatzerlöse stehen auf dem Konto Warenverkauf immer links oder rechts?

Die verflixte Dreizehn haben wir nicht vergeben. Wenn Sie jetzt nicht alle zwanzig Zettel mit den richtigen Antworten haben, dann macht das gar nichts. Sehen Sie es mal so, Vanessa: Sie sind ja nicht gekommen, um Kaffee zu trinken. Also machen wir einfach weiter. Und wenn doch alle Zettel richtig beantwortet sind, dann jubeln wir und machen trotzdem weiter.

Ich mache sogar mit den vorbereiteten Zetteln weiter, aber jetzt haben die Zettel eine andere Funktion.

Zunächst habe ich drei Zettel vorbereitet. Auf einem steht „Waren", auf dem nächsten „Forderungen" und auf dem dritten „Verbindlichkeiten".

So, Vanessa, ich gebe Ihnen jetzt den Zettel „Waren". Das soll so viel bedeuten, dass ich Ihnen Ware liefere. Ich bin also Lieferant, Sie sind mein Kunde. Okay? – Jetzt liegen zwischen uns auf dem Tisch die beiden Zettel „Forderungen" und „Verbindlichkeiten". Geben Sie jetzt bitte dem von uns beiden den Zettel mit der Aufschrift „Forderungen", der eine Forderung hat und dem den Zettel mit der Aufschrift „Verbindlichkeiten", der eine Verbindlichkeit hat. – Alles klar? Ich habe Ihnen Ware gegeben, das ist die Vorgabe.

Gut, Sie haben die beiden Zettel richtig verteilt. Jetzt tauschen wir die Rollen. „Forderungen" und „Verbindlichkeiten" kommen wieder in die Mitte auf den Tisch. Jetzt geben Sie mir die „Waren". Sie sind also Lieferant, ich bin Ihr Kunde. – Und nun ordnen Sie uns bitte wieder die Forderungen und Verbindlichkeiten richtig zu.

Okay. Die Zettel „Forderungen" und „Verbindlichkeiten" legen wir jetzt an die Seite. Dafür lege ich einen Zettel mit der Aufschrift „Mehrwertsteuer" und einen „Vorsteuer" auf den Tisch.

Und ich gebe Vanessa wieder den Zettel „Waren". Ich bin also Lieferant, Vanessa wieder der Kunde. So, Vanessa, dann geben Sie bitte wieder jedem den für ihn richtigen Zettel. Für wen von uns beiden fällt jetzt „Mehrwertsteuer" und für wen „Vorsteuer" an? Und die Zettel „Mehrwertsteuer" und „Vorsteuer" kommen wieder zurück auf die Tischmitte. Jetzt erhalte ich von Vanessa „Waren", und Vanessa gibt uns wieder den richtigen Zettel. Vanessa ist Lieferant, ich bin Kunde. Bei wem entsteht Mehrwertsteuer und bei wem Vorsteuer?

Danke. Und jetzt legen wir die Zettel „Waren", „Mehrwertsteuer" und „Vorsteuer" an die Seite. Mitten auf den Tisch legen wir wieder die Zettel „Forderungen" und „Verbindlichkeiten".

Und ich habe einen neuen Zettel. Auf dem steht „Geld". Dieser Zettel steht also für eine Zahlung. Ich fange an und gebe Vanessa „Geld", ich zahle also an Vanessa. Und Vanessa ordnet jetzt wieder die beiden Zettel vom Tisch richtig zu. Wer von uns beiden bucht jetzt aufgrund der Zahlung auf „Forderungen" und wer auf „Verbindlichkeiten"?

Auch da tauschen wir die Rollen jetzt wieder. „Forderungen" und „Verbindlichkeiten" kommen wieder mitten auf den Tisch. Jetzt gibt Vanessa mir das „Geld". Und nun bitte wieder zuordnen, wer bucht durch die Zahlung auf „Forderungen" und wer auf „Verbindlichkeiten"? Vanessa ordnet wieder die beiden Zettel zu.

Ich hoffe, dass es mir mit diesem seltsamen Spiel und dem „Rollentausch" zwischen Lieferant und Kunden gelingt, die Begriffe und deren Zuordnung selbstver-

ständlicher zu machen und zu erkennen, was für einen Forderungen sind, sind für den anderen Verbindlichkeiten und was für einen die Mehrwertsteuer ist, ist für den anderen die Vorsteuer, dass eine Warenlieferung bei einem eine Forderung und beim anderen eine Verbindlichkeit auslöst und dass eine Zahlung bei einem die Forderung und bei dem anderen die Verbindlichkeit ausgleicht. „Ich schick Dir eine Ware, also habe ich eine Forderung und Du eine Verbindlichkeit." – „Ich zahle an Dich, also wird meine Verbindlichkeit ausgeglichen und Deine Forderung.", – „Ich berechne Dir Mehrwertsteuer, also kannst Du sie als Vorsteuer verbuchen." – Diese Selbstverständlichkeiten möchte ich mit dieser Übung vertiefen. Und ich verspreche mir von den Zetteln, dass sie den Vorgang besser symbolisieren und somit nachhaltiger wirken, als wenn man es nur verbal erklärt bekommt.
So, wir legen die Zettel beiseite.

Ich gebe Vanessa einen neuen Zettel mit folgender Aufschrift:

RECHNUNG	
Ware	100,00 Euro
19 % MwSt.	19,00 Euro
	119,00 Euro

Ich habe also Vanessa eine Rechnung für gelieferte Ware geschickt. Und Vanessa soll jetzt bitte die Eingangsrechnung verbuchen.
Jetzt „schickt" Vanessa mir die Rechnung. Sie hat mich also mit Ware beliefert. Also verbucht Vanessa jetzt die Ausgangsrechnung.
Anstelle eines Bankauszuges bekommt Vanessa nun von mir einen Zettel „Bank – Eingang 119,00 Euro". Soll heißen, die Bank hat ihr meine Zahlung für ihre Rechnung gutgeschrieben. Diesen Bankeingang soll Vanessa bitte verbuchen.
Okay, jetzt bekommt Vanessa von mir einen Zettel „Bank – Ausgang 119,00 Euro". Die Bank hat ihr also eine Zahlung für eine Eingangsrechnung belastet.
Vanessa bucht also den Bankausgang anhand der Belastung.

Wir wiederholen den gleichen Vorgang, allerdings bei Abzug von 3 % Skonto:

Auf dem Zettel steht „Bank – Eingang"	
Rechnung	119,00 Euro
./. 3 % Skonto	3,57 Euro
Bank-Gutschrift	115,43 Euro

Und auch diesen Geschäftsvorfall wiederholen wir anschließend als Ausgang:

Auf dem Zettel steht „Bank – Ausgang"	
Rechnung	119,00 Euro
./. 3 % Skonto	3,57 Euro
Bank-Belastung	115,43 Euro

Mit diesem Vorgang, den wir sowohl auf der Lieferantenseite als auch auf der Kundenseite verbucht haben, beenden wir die heutige „Stunde". Ich bin zuversichtlich, dass die heutige Übung dazu beigetragen hat, dass Vanessa in Zukunft auch an oder nach einem anstrengenden Tag keine Verwechslung von Forderungen und Verbindlichkeiten, Wareneinkauf und Warenverkauf, Vorsteuer und Mehrwertsteuer sowie Soll und Haben mehr unterläuft. Es ist schön, dass Vanessa auch an diesem Tag die Zettel alle wieder mitnehmen möchte, um sich zu Hause in Ruhe noch einmal von ihren Buchführungskünsten zu überzeugen.

7.2 Lösungen

Für alle, die es gerne noch einmal nachlesen möchte, folgen nachstehend noch einmal alle Zettel und Fragen aus diesem Kapitel mit den entsprechenden Antworten.

1. Zettel:
Wie nennt man es, wenn ich von jemandem Geld zu bekommen habe?
Ich habe an ihn eine Forderung.

2. Zettel:
Wie nennt man es, wenn jemand von mir Geld zu bekommen hat?
Ich habe an ihn eine Verbindlichkeit.

3. Zettel:
Wenn ich eine Ware verkaufe, die ich nicht sofort bezahlt bekomme, habe ich eine *Forderung*.

4. Zettel:
Wenn ich eine Ware kaufe, die ich nicht sofort bezahle, habe ich eine *Verbindlichkeit*.

5. Zettel:
Wenn ich an Sie eine Forderung habe, dann haben Sie an mich eine *Verbindlichkeit*.

6. Zettel:
Wenn ich an Sie eine Verbindlichkeit habe, dann haben Sie an mich eine *Forderung*.

7. Zettel:
Wie lautet der Buchungssatz für eine Eingangsrechnung?
Wareneinkauf/oder Anlagevermögen oder Kosten und Vorsteuer an Verbindlichkeiten.

8. Zettel:
Wie lautet der Buchungssatz für eine Ausgangsrechnung?
Forderungen an Warenverkauf und Mehrwertsteuer.

9. Zettel:
Von einer Eingangsrechnung buche ich Vorsteuer oder Mehrwertsteuer?
Vorsteuer.

10. Zettel:
Von einer Ausgangsrechnung buche ich Vorsteuer oder Mehrwertsteuer?
Mehrwertsteuer.
Der Käufer einer Ware bucht *Wareneinkauf und Vorsteuer an Verbindlichkeiten*.
Der Verkäufer einer Ware bucht *Forderungen an Warenverkauf und Mehrwertsteuer*.

11. Zettel:
Einen Wareneinkauf buche ich auf dem Wareneinkaufskonto im Soll oder im Haben?
Soll.

12. Zettel:
Einen Warenverkauf buche ich auf dem Warenverkaufskonto im Soll oder im Haben?
Haben.

14. Zettel:
Die Vorsteuer buche ich auf dem Vorsteuerkonto im Soll oder im Haben? *Soll.*

15. Zettel:
Die Mehrwertsteuer buche ich auf dem Mehrwertsteuerkonto im Soll oder im Haben? *Haben.*

16. Zettel:
Die Vorsteuer gehört zur Eingangsrechnung oder zur Ausgangsrechnung?
Eingangsrechnung.

17. Zettel:
Die Mehrwertsteuer gehört zur Eingangsrechnung oder zur Ausgangsrechnung?
Ausgangsrechnung.

18. Zettel:
Wenn ich Ihnen Mehrwertsteuer berechne, ist das für Sie *Vorsteuer*.

19. Zettel:
Zugänge von Vermögenswerten wie Anlagevermögen, Waren, Forderungen, Bank, Kasse stehen auf dem Konto immer links oder rechts? *Links.*

20. Zettel:
Kosten stehen auf den Kostenkonten immer links oder rechts? *Links*.

21. Zettel:
Umsatzerlöse stehen auf dem Konto Warenverkauf immer links oder rechts?
Rechts.

Lösungen

Und nun noch die Lösungen zu unserem kleinen Zettel-Tausch-Spiel:
Ich gebe Ihnen jetzt den Zettel „Waren". *Zettel „Forderungen" zu mir. Zettel „Verbindlichkeiten" zu Ihnen.*

Jetzt geben Sie mir die „Waren". *Zettel „Forderungen" zu Ihnen. Zettel „Verbindlichkeiten" zu mir.*

Ich gebe Vanessa wieder den Zettel „Waren". *Zettel „Vorsteuer" zu Vanessa. Zettel „Mehrwertsteuer" zu mir.*

Jetzt erhalte ich von Vanessa „Waren". *Zettel „Mehrwertsteuer" zu Vanessa. Zettel „Vorsteuer" zu mir.*

Ich gebe Vanessa „Geld". *Zettel „Forderungen" zu Vanessa. Zettel „Verbindlichkeiten" zu mir.*

Jetzt gibt Vanessa mir das „Geld". *Zettel „Verbindlichkeiten" zu Vanessa. Zettel „Forderungen" zu mir.*

Ich gebe Vanessa einen neuen Zettel mit folgender Aufschrift:

RECHNUNG	
Ware	100,00 Euro
19 % MwSt.	19,00 Euro
	119,00 Euro

Ich habe also Vanessa eine Rechnung für gelieferte Ware geschickt. Sie verbucht die Eingangsrechnung wie folgt:
- *Wareneinkauf 100,00 Euro und Vorsteuer 19,00 Euro an Verbindlichkeiten 119,00 Euro.*

Jetzt „schickt" Vanessa mir die Rechnung. Sie hat mich also mit Ware beliefert und verbucht die Ausgangsrechnung folgendermaßen:
- *Forderungen 119,00 Euro an Warenverkauf 100,00 Euro und Mehrwertsteuer 19,00 Euro.*

„Bank – Eingang 119,00 Euro":
- *Bank an Forderungen 119,00 Euro*

„Bank – Ausgang 119,00 Euro":
- *Verbindlichkeiten an Bank 119,00 Euro*

Und hier die Lösungen für den gleichen Vorgang, allerdings mit Abzug von 3 % Skonto:

Auf dem Zettel steht „Bank – Eingang"	
Rechnung	119,00 Euro
./. 3 % Skonto	3,57 Euro
Bank-Gutschrift	115,43 Euro

Buchungen:
- Bank 115,43 Euro und Kunden-Skonti 3,57 Euro an Forderungen 119,00 Euro.
- Mehrwertsteuer an Kunden-Skonti 0,57 Euro.

Oder in einer Buchung:
- Bank 115,43 Euro, Kunden-Skonti 3,00 Euro, Mehrwertsteuer 0,57 Euro an Bank 119,00 Euro.

Auf dem Zettel steht „Bank – Ausgang"	
Rechnung	119,00 Euro
./. 3 % Skonto	3,57 Euro
Bank-Belastung	115,43 Euro

Buchungen:
- Verbindlichkeiten 119,00 Euro an Bank 115,43 Euro und Liefererskonti 3,57 Euro.
- Liefererskonti an Vorsteuer 0,57 Euro.

Oder in einer Buchung:
- Verbindlichkeiten 119,00 Euro an Bank 115,43 Euro, Liefererskonto 3,00 Euro und Vorsteuer 0,57 Euro.

8 Fragebögen zum Rechnungswesen (Zwischenprüfung)

Mit den Zetteln in unserer letzten Stunde waren wir schneller fertig als gedacht. Bleibt nachzutragen, dass Vanessa nach eigener Aussage durchaus den Eindruck hatte, dass die Zettel eine gute Idee waren und ihr die Zusammenhänge noch transparenter gemacht haben. Da wir so früh fertig waren, sagte ich: „Dann machen wir jetzt Schluss. Sie können nach Hause fahren, und ich guck mir mal die Sendung mit dem Jauch an." Vanessa war damit einverstanden, fragte aber noch nach unserem nächsten Termin und erwähnte die bevorstehende Zwischenprüfung als nächste Bewährungsprobe. Meine Bemerkung von „Jauch und Wer wird Millionär" war natürlich Zufall, aber es passte thematisch sehr gut zu den Zwischenprüfungen für das Berufsbild „Bürokauffrau/Bürokaufmann". Dort werden nämlich im Fach Rechnungswesen Prüfungsbögen bevorzugt, die schon ein bisschen Ähnlichkeit mit so einer Fragesendung haben. Da wird in der Regel keine lange Liste von Geschäftsvorfällen mit anschließendem Abschluss bearbeitet, sondern es werden primär Fragebögen beantwortet, in denen der Prüfling zu einem großen Teil nur eine Zuordnung vorzunehmen hat, „was gehört wozu?", „was ist richtig – oder falsch?"

Also gut, wir werden uns in der siebten Stunde unserer Zusammenkünfte einmal etwas mit Fragebögen zum Rechnungswesen befassen, mit unserer „Zettelwirtschaft" waren wir ja schon auf dem richtigen Wege dorthin. Lassen Sie mich eins vorab sagen: In meiner beruflichen Laufbahn habe ich nach den Zwischenprüfungen – von ganz wenigen Ausnahmen abgesehen – immer die Aussage der Auszubildenden gehört: „Das war ja viel leichter, als ich gedacht habe". Ich möchte das ganz dick unterstreichen und auch Vanessa jegliche Sorge vor dieser Zwischenprüfung nehmen. Es mag ein bisschen der Selbstsicherheit dienen, wenn manche Azubis hinter den Prüfungsbögen zurückliegender Jahre herhecheln und vor der Prüfung Hunderte solcher Fragen beantworten. Aber sinnvoller ist es, vor der Prüfung ausgeruht und ausgeschlafen zu sein. Es ist ja nur eine kleine Standortbestimmung nach dem ersten Ausbildungs- und Berufsschuljahr, die in dieser Zwischenprüfung mit einer Punktwertung vorgenommen wird. Und wenn Sie den Lehrstoff einigermaßen verstanden haben, können Sie ganz beruhigt und selbstsicher in die Prüfung gehen und werden auch hinterher sagen: „So leicht habe ich mir das nicht vorgestellt." Erinnern Sie sich daran, dass ich eingangs mal gesagt habe: „Buchführung muss man nicht lernen, man muss sie nur verstehen . . .?" Diese Behauptung von mir wird in den Prüfungsbögen sehr deutlich. Wenn Sie die Zusammenhänge der Buchführung verstanden haben, dann brauchen Sie sich um das Ergebnis der Zwischenprüfung im Rechnungswesen keine Gedanken zu machen.

Natürlich gehen wir nicht unvorbereitet in die Prüfung. Wir gehen das Gehabte noch einmal durch, die Dinge, die uns ab und zu etwas Schwierigkeiten bereitet haben, schauen wir uns auch noch einmal besonders intensiv an. Dabei halte ich es als Prüfungsvorbereitung für vorteilhafter, in erster Linie sein Verständnis für die Abläufe und Zusammenhänge zu kontrollieren, anstatt an langen Lösungswegen und Jahresabschlüssen zu arbeiten. Ich will das an einem Beispiel erklären: Wenn Sie die Bestandskonten in die Bilanz abschließen können, dann können Sie auch verbal zuordnen, dass Anlagevermögen, Warenbestand, Forderungen, Bank, Kasse usw. auf die Aktivseite der Bilanz gehören. Wenn Sie Kosten- und Erlöskonten richtig über die Gewinn- und Verlustrechnung abschließen können, dann können Sie auch verbal antworten, dass Löhne und Gehälter, Sozialabgaben, Mieten, Materialkosten usw. im Soll und Umsatzerlöse im Haben der GuV stehen.

Es wird ja in den Prüfungsbögen gar nichts gefragt, was wir nicht wissen! Wir können hier nicht alle Möglichkeiten von Fragestellungen erfassen und besprechen. Das brauchen wir auch gar nicht. Es geht einzig und allein darum, die Zusammenhänge verstanden zu haben, dann können wir auch die Fragen richtig beantworten oder ankreuzen.

Wie könnte so ein Prüfungsbogen im Rechnungswesen aussehen? Stellen Sie sich darauf ein, dass Sie entscheiden sollen, ob eine Aussage richtig oder falsch ist. Diese Art der Fragestellung in Prüfungsbögen fördert die Kritikfähigkeit. Wenn ich schreiben würde: „Jeder Unternehmer freut sich, wenn er Verluste macht," dann sollten Sie dieser Aussage widersprechen. Aber ebenso sollten Sie widersprechen bei der Aussage: „Das Kassenkonto gehört zum Anlagevermögen." Es ist ganz wichtig, dass junge Menschen nicht alles glauben und akzeptieren, deshalb finde ich solche Aufgaben in Zwischenprüfungen durchaus begrüßenswert. Neigt man nicht gerade in der Ausbildung und als Schüler immer ein bisschen dazu, die Erklärungen und Abläufe für richtig zu halten? Natürlich soll der Auszubildende lernen und nicht alles anzweifeln, was man ihm erklärt und beibringen will. Aber das schließt Kritikfähigkeit und Wachsamkeit nicht aus. Glauben Sie mir, es tut auch mal gut, etwas besser zu wissen und auf einen Fehler aufmerksam zu machen. Nicht umsonst setzen viele große Betriebe auf Verbesserungsvorschläge ihrer Mitarbeiter, und nicht selten sind es die jungen Leute, die noch nicht betriebsblind geworden sind und erkennen, dass man etwas verbessern könnte. Erst recht sollte man also lernen, selbstsicher festzustellen und zu sagen, wenn eine Aussage falsch ist. Da steht zum Beispiel in einem Prüfungsbogen, Sie sollen von nachstehenden Aussagen diejenigen ankreuzen, die richtig sind. Heißt im Umkehrschluss, dass vermutlich einige davon falsch sind und nicht angekreuzt werden sollen. Haben Sie in der Prüfung bitte keine Angst vor diesen Fragebögen! Wenn Sie wissen, dass die Forderungen aus Lieferungen und Leistungen auf der Aktivseite der Bilanz stehen, dann werden Sie auch nicht als richtig ankreuzen: „Die Forderungen aus Lieferungen und Leistungen stehen in der Gewinn- und Verlustrechnung im Haben". – „Das ist Blödsinn," werden Sie sagen. Und genau darum geht es bei diesen Fragen nach „richtig" oder „falsch".

Kommen wir also zu konkreten Beispielen.

8.1 Prüfungsfragen – Beispiel 1

Kreuzen Sie zu den Aussagen Inventur, Inventar und Bilanz die richtigen Lösungen an (ankreuzen, wenn Sie die Aussage für richtig halten!):

- ☐ A) In der Bilanz sind die Warenbestände nur mengenmäßig erfasst.
- ☐ B) Das Inventar ist ein Vorgang, der durch Messen, Zählen und Wiegen gesetzlich vorgeschrieben ist.
- ☐ C) Bei der Inventur handelt es sich um eine Bestandsaufnahme.
- ☐ D) In der Bilanz werden die Posten des Umlaufvermögens in Geldwerten ausgewiesen.
- ☐ E) Wenn ein Unternehmen im Juli gegründet wird, muss es zum 1. Januar des gleichen Jahres eine Eröffnungsbilanz erstellen.

Um welchen Vorgang handelt es sich? – Tragen Sie bitte in die folgenden Kästchen den entsprechenden Buchstaben ein:
A) Aktivtausch
B) Passivtausch
C) Aktiv-Passiv-Mehrung
D) Aktiv-Passiv-Minderung

- ☐ Kauf von Ware auf Ziel
- ☐ Kauf eines Dienstfahrzeuges gegen Barzahlung
- ☐ Tilgung eines Darlehens durch Banküberweisung
- ☐ Einzahlung der Tageskasse bei der Bank

Schreiben Sie bitte in die Kästchen folgender Aussagen „r" für „richtig" oder „f" für „falsch":
- ☐ Kosten stehen auf den Kostenkonten immer im Haben.
- ☐ Die Vorsteuer ist eine Forderung an das Finanzamt.
- ☐ Das Bankkonto gehört zum Umlaufvermögen.
- ☐ Skonto ist ein Treuerabatt.
- ☐ Darlehen sind Verbindlichkeiten.

☐ Abschreibungen auf Sachanlagen mindern den Gewinn.
☐ Umsatzerlöse stehen in der Schlussbilanz.
☐ Die Geschäftsausstattung gehört zum Umlaufvermögen.
☐ Löhne und Gehälter sind Erfolgskonten.

8.2 Prüfungsfragen – Beispiel 2

Nachstehend habe ich einen weiteren Auszug aus einer Zwischenprüfung für das Fach Rechnungswesen zusammengestellt.

Erstellen Sie für die vorliegenden Belege den Buchungssatz, indem Sie aus den aufgeführten Konten die entsprechenden Kontonummern in die Spalte „Konto" sowie die entsprechenden Beträge in die Spalten „Soll" und „Haben" eintragen.

1. Beleg Ausgangsrechnung für eine gelieferte Ware	
Nettobetrag	3514,36 Euro
19 % MwSt	667,73 Euro
BRUTTOBETRAG	4182,09 Euro

Konten-Auswahl:
2400 Forderungen aus LuL
2600 Vorsteuer
2880 Kasse
4400 Verbindlichkeiten aus LuL
4800 Umsatzsteuer
5100 Umsatzerlöse
6100 Sonstige Aufwendungen

Wenn im Rahmen von Übungen und Beispielen das Konto „Umsatzsteuer" angesprochen wird, ist das immer gleichzusetzen mit „Mehrwertsteuer" (Ausnahme nur Kleinunternehmer, die nicht optieren; s. Kap. 5.1).

Konto	Soll (Euro)	Haben (Euro)

2. Beleg Eingangsrechnung für Werbegeschenke

15 Präsente à 11,50 Euro	= 172,50 Euro
12 Präsente à 8,50 Euro	= 102,00 Euro
16 Präsente à 12,50 Euro	= 200,00 Euro
43 × Werbeverpackung à 2,50 Euro	= 107,50 Euro
Nettobetrag	582,00 Euro
19 % MwSt.	110,58 Euro
BRUTTOBETRAG	692,58 Euro

Konten-Auswahl:
2400 Forderungen aus LuL
2600 Vorsteuer
2880 Kasse
4400 Verbindlichkeiten aus LuL
4800 Umsatzsteuer
5000 Umsatzerlöse für eigene Erzeugnisse
6080 Aufwendungen für Waren
6870 Werbung

Konto	Soll (Euro)	Haben (Euro)

3. Beleg Quittung Büromaterial

Barverkauf:

5 Packungen Bleistifte	à 1,95	9,75 Euro
10 Ordner	à 1,05	10,50 Euro
3 Locher	à 8,95	26,85 Euro
5 Radierer	à 1,03	5,15 Euro
Gesamtbetrag		52,25 Euro
zzgl. MwSt. 19 %		9,93 Euro
		62,18 Euro

Betrag dankend erhalten

Konten-Auswahl:
2400 Forderungen aus LuL
2600 Vorsteuer
2880 Kasse
4400 Verbindlichkeiten aus LuL
4800 Umsatzsteuer
5000 Umsatzerlöse für eigene Erzeugnisse
6080 Aufwendungen für Waren
6800 Aufwendungen für Büromaterial

Konto	Soll (Euro)	Haben (Euro)

4. Beleg Eingangsrechnung Gewerbehaftpflicht

Für die Gewerbehaftpflichtversicherung berechnen wir Ihnen

Sachversicherung Risikoklasse 15	966,00 Euro
Personenschaden Risikoklasse 10	488,00 Euro
zu zahlender Betrag:	**1454,00 Euro**

Konten-Auswahl:
2400 Forderungen aus LuL
2600 Vorsteuer
2800 Guthaben bei Kreditinstituten (Bank)
4400 Verbindlichkeiten aus LuL
4800 Umsatzsteuer
6600 Sonstige Personalaufwendungen
6820 Aufwendungen für Kommunikation
6900 Versicherungsbeiträge

Konto	Soll (Euro)	Haben (Euro)

5. Beleg Bankauszug		
	zu Lasten	zu Gunsten
Keller, Otto		
Re.Nr. 178965		4182,09 Euro
	Alter Kontenstand	
		2509,87 Euro Haben
	Neuer Kontenstand	
		6691,96 Euro Haben

Konten-Auswahl:
2400 Forderungen aus LuL
2600 Vorsteuer
2800 Guthaben bei Kreditinstituten (Bank)
2880 Kasse
4400 Verbindlichkeiten aus LuL
4800 Umsatzsteuer
5000 Umsatzerlöse für eigene Erzeugnisse
5800 Zinserträge

Konto	Soll (Euro)	Haben (Euro)

So weit diese Fragen. Es ist ja oft nur eine Frage der Darstellung, wobei die Inhalte doch gleich sind. Lassen Sie sich also nicht durch die Art der Fragestellung irritieren oder verwirren.

8.3 Prüfungsfragen Beispiel 3

Eine weitere Möglichkeit der Fragestellung im Zusammenhang mit einer Wareneingangsrechnung ist die folgende:

Ordnen Sie aus diesen neun Gruppen die für die Verbuchung der Eingangsrechnung anzusprechenden Konten zu:
1. Wareneinkauf
2. Mehrwertsteuer
3. Büromaterial
4. Forderungen
5. Vorsteuer
6. Warenverkauf
7. Bank

8. Verbindlichkeiten
9. Anlagevermögen

Soll	Soll	Soll	Haben	Haben	Haben

Beurteilen Sie in nachstehender Aufstellung, ob die Zuordnung der Bilanzpositionen zu den aufgeführten Gruppen „richtig" oder „falsch" ist:

Grundstücke	Umlaufvermögen
Personalcomputer	Umlaufvermögen
Schreibtisch	Anlagevermögen
Verbindlichkeiten LuL	Fremdkapital
Darlehen	Umlaufvermögen
Bargeld	Anlagevermögen
Bankguthaben	Umlaufvermögen
Drucker	Anlagevermögen
Scanner	Anlagevermögen
Forderungen LuL	Umlaufvermögen
Vorsteuer	Fremdkapital

8.4 Lösungen

8.4.1 Lösungen zu Abschnitt 8.1

Aussagen zu Inventur, Inventar und Bilanz:
- ☐ A) In der Bilanz sind die Warenbestände nur mengenmäßig erfasst.
- ☐ B) Das Inventar ist ein Vorgang, der durch Messen, Zählen und Wiegen gesetzlich vorgeschrieben ist.
- ☒ C) Bei der Inventur handelt es sich um eine Bestandsaufnahme.
- ☒ D) In der Bilanz werden die Posten des Umlaufvermögens in Geldwerten ausgewiesen.
- ☐ E) Wenn ein Unternehmen im Juli gegründet wird, muss es zum 1. Januar des gleichen Jahres eine Eröffnungsbilanz erstellen.

Um welchen Vorgang handelt es sich:
A) Aktivtausch
B) Passivtausch
C) Aktiv-Passiv-Mehrung
D) Aktiv-Passiv-Minderung

- [C] Kauf von Ware auf Ziel
- [A] Kauf eines Dienstfahrzeuges gegen Barzahlung
- [D] Tilgung eines Darlehens durch Banküberweisung
- [A] Einzahlung der Tageskasse bei der Bank

Zuordnung richtig/falsch:

- [f] A) Kosten stehen auf den Kostenkonten immer im Haben.
- [r] B) Die Vorsteuer ist eine Forderung an das Finanzamt.
- [r] C) Das Bankkonto gehört zum Umlaufvermögen.
- [f] D) Skonto ist ein Treuerabatt.
- [r] E) Darlehen sind Verbindlichkeiten.
- [r] F) Abschreibungen auf Sachanlagen mindern den Gewinn.
- [f] G) Umsatzerlöse stehen in der Schlussbilanz.
- [f] H) Die Geschäftsausstattung gehört zum Umlaufvermögen.
- [r] I) Löhne und Gehälter sind Erfolgskonten.

8.4.2 Lösungen zu Abschnitt 8.2

Buchung der Ausgangsrechnung:

Konto	Soll (Euro)	Haben (Euro)
2400	4182,09	
5100		3514,36
4800		667,73

Buchung Eingangsrechnung für Werbegeschenke:

Konto	Soll (Euro)	Haben (Euro)
6870	582,00	
2600	110,58	
4400		692,58

Buchung Beleg Quittung Büromaterial:

Konto	Soll (Euro)	Haben (Euro)
6800	52,25	
2600	9,93	
2880		62,18

Buchung Eingangsrechnung Gewerbehaftpflicht:

Konto	Soll (Euro)	Haben (Euro)
6900	1454,00	
4400		1454,00

Buchung Beleg Bankauszug:

Konto	Soll (Euro)	Haben (Euro)
2800	4182,09	
2400		4182,09

8.4.3 Lösungen zu Abschnitt 8.3

Zuordnung aus 9 Gruppen (Wareneingangsrechnung):

Soll	Soll	Soll	Haben	Haben	Haben
1	5		8		

Zuordnung Bilanzpositionen (richtig/falsch)

Grundstücke	Umlaufvermögen	*falsch*
Personalcomputer	Umlaufvermögen	*falsch*
Schreibtisch	Anlagevermögen	*richtig*
Verbindlichkeit LuL	Fremdkapital	*richtig*
Darlehen	Umlaufvermögen	*falsch*
Bargeld	Anlagevermögen	*falsch*
Bankguthaben	Umlaufvermögen	*richtig*
Drucker	Anlagevermögen	*richtig*
Scanner	Anlagevermögen	*richtig*
Forderungen LuL	Umlaufvermögen	*richtig*
Vorsteuer	Fremdkapital	*falsch*

So weit die Antworten und Buchungen auf die spezifischen Fragen zur Zwischenprüfung.

8.5 Häufig gestellte Fragen

Zur Festigung Ihrer Kenntnisse und zu Ihrer eigenen Kontrolle habe ich nachstehend ebenfalls im Hinblick auf die Zwischenprüfung ein paar häufig gestellte Fragen und Antworten zusammengestellt.

Welche Aufgabe hat die Inventur?
Bestandsaufnahme zur Ermittlung von Vermögen und Schulden nach Art, Menge und Wert.

Wann muss eine Inventur durchgeführt werden?
Bei Gründung oder Übernahme des Unternehmens, am Ende des Geschäftsjahres und bei Auflösung oder Verkauf des Unternehmens.

Welche Güter zählen zum Anlagevermögen?
Vermögensteile, die dem Unternehmen längerfristig zur Verfügung stehen, wie Grundstücke, Gebäude, Anlagen, Maschinen, Einrichtung und Ausstattung.

Welche Güter zählen zum Umlaufvermögen?
Vermögensteile, die dem Unternehmen nur kurzfristig zur Verfügung stehen, wie Waren, Forderungen, Bankguthaben, Kasse.

Was versteht man unter dem Niederstwertprinzip?
Die Tatsache, dass von zwei Werten, nämlich dem Anschaffungswert oder dem Tageswert, immer der niedrigere anzusetzen ist (Grundsatz kaufmännischer Vorsicht).

Was versteht man unter Inventar?
Das sich aus der Inventur ergebende Bestandsverzeichnis.

Wie ist das Inventar aufgebaut und gegliedert?
A) Vermögen:
  I. Anlagevermögen
  II. Umlaufvermögen
B) Schulden:
  I. Langfristige Schulden
  II. Kurzfristige Schulden
C) Eigenkapital = Reinvermögen.

Was ist die Bilanz?
Kurzfassung des Inventars in Kontenform.

In welche wesentlichen Posten ist die Bilanz gegliedert?
Aktiv = Anlagevermögen   Passiv = Eigenkapital
*   Umlaufvermögen   Fremdkapital*

Ist die Summe beider Bilanzseiten immer gleich hoch?
Ja! Aktiva = Passiva. Vermögen = Kapital oder auch Vermögenswerte = Vermögensquellen.

Welche Aufbewahrungsfrist gilt für Bilanzen?
10 Jahre.

Welche vier Möglichkeiten der Werteveränderungen gibt es in der Bilanz?
- *Aktivtausch (z. B. Barkauf, Ware an Kasse).*
- *Passivtausch (z. B. Umwandlung Bankverbindlichkeit in ein Darlehen).*
- *Aktiv-Passiv-Mehrung (z. B. Kauf von Waren auf Ziel).*
- *Aktiv-Passiv-Minderung (z. B. Begleichung einer Eingangsrechnung durch Banküberweisung).*

Was ist ein Saldo?
Die Differenz zwischen Soll und Haben.

Muss die Schlussbilanz des alten Jahres mit der Eröffnungsbilanz des neuen Jahres übereinstimmen?
Ja!

Wie (in welcher Reihenfolge) bucht man Geschäftsvorfälle?
Soll an Haben.

So, liebe Vanessa, wenn Sie jetzt auch der Meinung sind, dass das für heute genug Fragen waren, dann will ich abschließend nur noch einmal ein paar der wichtigen Bereiche komprimiert ansprechen und in Erinnerung bringen.

Gewinn- und Verlustrechnung (GuV)

Fangen wir bei der **GuV** an. Sie ist ein Sammelkonto von Aufwand und Ertrag und schließt über das Eigenkapital ab. Im Soll der GuV stehen die Aufwendungen/Kosten und im Haben die Erträge/Erlöse. Der Saldo der GuV ist der Gewinn oder Verlust und erhöht oder mindert das Eigenkapital. Dementsprechend stehen auch auf den einzelnen Erfolgskonten **die Kosten im Soll und die Erlöse im Haben!**

Die Erfolgskonten sind Unterkonten des Eigenkapitals. Aufwendungen mindern das Eigenkapital – Erträge mehren das Eigenkapital!

Noch einmal: Die Aufwendungen stehen auf den einzelnen Konten im Soll. Abschlussbuchung somit: GuV an Aufwandskonten.

Die Erträge stehen auf den Ertragskonten im Haben. Abschlussbuchung somit: Ertragskonten an GuV.

Demgemäß:
- Bei Gewinn: GuV an Eigenkapital,
- bei Verlust: Eigenkapital an GuV.

Wareneinkauf/Warenverkauf

Bei **Wareneinkauf** buchen wir die Eingangsrechnung:
– Wareneinkauf und Vorsteuer an Verbindlichkeiten.

Bei **Warenverkauf** buchen wir die Ausgangsrechnung:
– Forderungen an Umsatzerlöse und Umsatzsteuer.

Erlöse aus dem Warenverkauf abzüglich dem Einstandspreis der verkauften Waren ergeben den Warenrohgewinn: **Ausweis in der Gewinn- und Verlustrechnung.**
Schlussbestand der Waren = Inventurbestand: **Ausweis in der Bilanz.**
Die sich daraus ergebenden **Standardbuchungen** lauten wie folgt:

Wareneinkauf:
– Wareneinkauf u. Bezugskosten und Vorsteuer an Verbindlichkeiten.

Warenverkauf:
– Forderungen an Umsatzerlöse und Umsatzsteuer.

Zahlung mit Lieferanten-Skonti:
– Verbindlichkeiten an Bank und Vorsteuer und Lieferanten-Skonti.

Zahlungseingang mit Kunden-Skonti:
– Bank und Kunden-Skonti und Umsatzsteuer an Forderungen.

Die Prüfung kann kommen!

Nochmals zur Erinnerung: Die Zwischenprüfung „Bürokauffrau"/„Bürokaufmann" ist lediglich ein Test zur Feststellung der augenblicklichen Fähigkeiten, Kenntnisse oder Schwächen. Dabei werden 100 Punkte vergeben,
92–100 = sehr gut
81–91 = gut
67–80 = befriedigend
50–66 = ausreichend

Die unteren Ränge gucken wir uns gar nicht erst an. Dass 50 Punkte noch „ausreichend" sind, lässt uns doch locker und frohen Mutes ans Werk gehen. Und dass eine schlechte Punktzahl in der Zwischenprüfung den Fortbestand der Ausbildung gefährdet, gehört in den Bereich der Horrorgeschichten. Nein, die schlechte Punktzahl in der Zwischenprüfung ist nur die Alarmglocke und ein Anlass, für die Abschlussprüfung mehr zu tun und die Wissenslücken zu schließen. Das Ergebnis der Zwischenprüfung hat keinen Einfluss auf die Abschlussprüfung!

Viel wichtiger ist aber die Feststellung, dass Sie ganz gelöst und selbstsicher in die Prüfung gehen können. Ja, Vanessa, Sie können getrost auch auf eine gute Punktzahl im oberen Bereich hoffen. Es werden Ihnen doch dort gar keine Fragen gestellt, deren Antwort Sie nicht kennen. Lassen Sie es sich also ruhig bestätigen, dass Sie über die Kenntnisse und Fähigkeiten entsprechend dem Stand Ihrer Ausbildung verfügen.

Die Vorbereitung mit den Fragebögen für die Zwischenprüfung hat gut geklappt. Und die Prüfung? Als ich Vanessa nach unserem siebten Abend noch einmal aufmunterte, ganz locker in die Prüfung zu gehen, sagte sie lächelnd: „Können Sie sich nicht bei der Prüfung neben mich setzen?" Ich versicherte ihr, dass wir es bestimmt dann gemeinsam schaffen würden, dass ich aber keinerlei Bedenken habe, dass sie das auch ohne mich bewerkstelligt. Am Tag vor der Zwischenprüfung schickte ich ihr noch einmal eine Mail mit meinen besten Wünschen.
Es hat mich schon etwas erstaunt und auch erfreut, dass die Motivation von Vanessa nach der Prüfung genauso groß war wie vor der Prüfung. Ich hatte damit gerechnet, dass es eine deutliche Zäsur bei Vanessa geben würde und dass sie sagen wird: „Jetzt erst mal Pause!" Stattdessen antwortete sie auf meine diesbezügliche Frage: „Es läuft doch jetzt so gut, ich möchte gerne, dass wir weitermachen." Machen wir! Was sind das immer für dumme Vorurteile, junge Leute könnte man nicht motivieren. Vanessa motiviert sich selbst. Ich hätte nicht gedacht, dass sie auch in der achten Stunde und nach der Zwischenprüfung immer noch mit sichtlicher Begeisterung ihre Buchführungskenntnisse weiter ausbauen möchte und sie dafür auch die 18 Kilometer Fahrstrecke zu mir wie selbstverständlich in Kauf nimmt. Das ist für mich natürlich auch Motivation genug, mich weiterhin mit gleicher Akribie auf unsere Stunden vorzubereiten. Zunächst werden wir aber in dieser achten Stunde versuchen, die Zwischenprüfung zu analysieren, so gut, wie sich Vanessa an die Aufgaben und Fragen erinnert und zumindest, so weit es sich um den Teil des Rechnungswesens handelt.
Noch am Abend der Zwischenprüfung schickte Vanessa mir eine Mail und teilte mit, dass es wohl ganz gut gelaufen sei und man nun abwarten müsse, ob sie die Fragen richtig beantwortet hätte. Da sich Vanessa nicht an einzelne Fragen aus der Zwischenprüfung erinnern konnte, gab es auch nicht viel zu analysieren. Zwei Dinge aber bestätigte sie mir: Es kam auch ihr leichter vor als befürchtet, und wir lagen mit den Vorbereitungen genau richtig. Vanessa hat insgesamt ein gutes Gefühl, was den Ausgang der Prüfung anbelangt. Sechs Wochen soll sie nun warten, hat man ihr gesagt. Und das Ergebnis bekommt nicht sie, sondern ihr Ausbildungsbetrieb. So war es immer. Ich wäre dafür, diese Reihenfolge abzuschaffen und die Azubis endlich für mündig genug zu erklären, ihre Prüfungsergebnisse selbst in Empfang zu nehmen und dann dem Betrieb vorzulegen.

9 Neutrale Aufwendungen und Erträge

Die Aufwendungen und Erträge, die wir bisher behandelt bzw. gebucht haben, waren ausschließlich betriebsbedingt, das heißt, sie sind durch den Kauf, Be- oder Verarbeitung und den Verkauf der Erzeugnisse ausgelöst worden. Sie entstanden also im Zusammenhang mit dem eigentlichen Betriebszweck des Unternehmens. Man nennt diese Aufwendungen und Erträge auch „leistungsbedingt".

Es gibt aber auch Erfolge, also Aufwendungen und Erträge, die nicht betriebsbedingt sind und aus anderen Quellen stammen.

Hier kann man vier Gruppen unterscheiden:
1. Betriebsfremde Aufwendungen und Erträge.
2. Haus- und Grundstücksaufwendungen und -erträge.
3. Zinsaufwendungen und -erträge.
4. Betriebliche außerordentliche Aufwendungen und Erträge.

Diese nichtleistungsbedingten Erfolge, auch **„neutrale Erfolge"** genannt, werden in der Buchführung von den leistungsbedingten Erfolgen abgegrenzt. Ein Grund dafür ist natürlich die Transparenz, man will ja sehen, welchen Erfolg das eigentliche Betriebsgeschehen bringt. Ein weiterer wichtiger Grund ist die Kalkulation. Diese neutralen Aufwendungen und Erträge dürfen nicht kalkuliert werden, weil wir sonst unter Umständen von völlig falschen Selbstkosten ausgehen würden und somit auch zu falsch kalkulierten Preisen kommen würden.

Die kalkulierbaren Aufwendungen sind Kosten! Das ist der Anteil der Aufwendungen, der betriebsbedingt ist und den wir bisher gebucht haben, also der Wareneinsatz, Verwaltungskosten, Personalkosten, Vertriebskosten usw. – Kurz: die Sach- und Personalkosten.

Diese Trennung von Kosten und neutralen Aufwendungen sowie von Betriebserlösen und neutralen Erträgen erfolgt auch bereits in den Kontenklassen. Die Konten aus dem neutralen Ergebnis, also neutrale Aufwendungen und neutrale Erträge, stehen demnach in einer anderen Kontenklasse als die Kosten und die Erlöse. Da es unterschiedliche Kontenrahmen gibt, nenne ich hier keine Kontonummern. Aber Sie werden auch in Ihrem Kontenplan sehen, dass neben den schon bekannten Kostenkonten (Kostenarten) in einer Gruppe und den Erlöskonten in einer Gruppe die neutralen Aufwendungen und Erträge in einer anderen Kontenklasse zu finden sind.

Schauen wir uns die vorstehend genannten vier Gruppen der neutralen Erfolge doch im Folgenden einmal näher an:

9.1 Betriebsfremde Aufwendungen und Erträge

Wie der Name schon sagt, haben diese Aufwendungen und Erträge nichts mit dem Betriebszweck des Unternehmens zu tun, sie sind also „betriebsfremd". Typische Posten hierfür sind: Spenden, Schenkungen, Verlust oder Gewinn aus dem An- und Verkauf von Wertpapieren.

9.2 Haus- und Grundstücksaufwendungen und -erträge

Auch hier ergibt es sich eigentlich schon aus dem Namen der Konten, um welche Vorgänge es sich dabei handelt. Hierzu gehört die Instandhaltung der Gebäude, die Grund- und Gebäudesteuern, Hypothekenzinsen, alle Versicherungen, die das Gebäude betreffen – und auch die Abschreibung auf Gebäude! Es ist also darauf zu achten, dass die Gebäudeversicherung nicht auf dem Kostenkonto „Versicherungen" gebucht wird, dass auch die Hypothekenzinsen nicht zusammen mit anderen Kreditzinsen gebucht werden und dass schließlich auch die Abschreibung auf Gebäude zu den Haus- und Grundstücksaufwendungen gehört.

Die vorstehend genannten Posten sind auf **„Hausaufwendungen"** zu buchen. **„Hauserträge"** sind alle Erträge, die durch die Nutzung des Gebäudes anfallen, im engeren Sinne also die Mieteinnahmen für die Vermietung von Räumen an Fremde. Mit Recht werden Sie fragen: „Was ist denn mit den Räumen, die der Betrieb zu betrieblichen Zwecken nutzt oder die der Inhaber des Unternehmens privat nutzt?" – Selbstverständlich handelt es sich bei den betrieblich genutzten Räumen um Kosten, die auch kalkuliert werden müssen. Nutzt der Betrieb Räume in einem eigenen Gebäude, ist also auch hier die Kostenart „Raumkosten" anzusprechen.

Die Buchung lautet in dem Fall: „Verrechnung der Miete für betrieblich eigengenutzte Räume". Daraus folgt der Buchungssatz: Raumkosten an Hauserträge.

Ebenso verhält es sich bei der Privatnutzung, auch diese ist umzubuchen, und zwar „Verrechnung der Miete für z. B. vom Inhaber privat genutzte Räume". Der entsprechende Buchungssatz: Privat an Hauserträge.

9.3 Zinsaufwendungen und -erträge

Alle Zins- und Diskontaufwendungen und -erträge, die im Verkehr mit Banken, Kunden und Lieferanten anfallen, werden hier ausgewiesen. Dazu zählen auch Kredit- und Überziehungsprovisionen, Verzugszinsen und Prolongationszinsen.

Achtung: Umsatz- und Inkassoprovisionen sind Kosten, die nicht hier auszuweisen sind!

9.4 Betriebliche außerordentliche Aufwendungen und Erträge

Wir haben definiert, dass ein Erfolg betriebsbedingt ist, wenn er durch den eigentlichen Betriebszweck erwirtschaftet worden ist. Wenn ein solcher Aufwand oder Ertrag aber so außerordentlich ist, dass er im normalen betrieblichen Ablauf nicht anfällt, bezeichnet man ihn als „betrieblich außerordentlich". Diese außerordentlichen Aufwendungen und Erträge würden einen falschen Eindruck über den betrieblichen Erfolg erwecken, wenn man sie ins Betriebsergebnis einfließen lassen würde. Außerdem würden sie die Kalkulationswerte verfälschen. Aus diesem Grunde werden auch die betrieblichen außerordentlichen Aufwendungen und Erträge nicht im Betriebsergebnis ausgewiesen, sondern zusammen mit den betriebsfremden Posten als „Neutrale Aufwendungen und Erträge" behandelt.

Was ist außerordentlich? Zum Beispiel Forderungsausfälle, die das übliche Maß weit überschreiten. Außerordentlich können Schäden sein, die durch höhere Gewalt, Diebstahl usw. verursacht worden sind, sofern diese nicht durch eine Versicherung gedeckt sind. Ferner können außerordentliche Aufwendungen oder Erträge beim Verkauf von Anlagegütern anfallen, wenn der Verkaufserlös nicht dem Buchwert des Anlagevermögens entspricht. Das ist logisch. Wenn ein Anlagegut ausscheidet, muss ja der noch vorhandene Restbuchwert „verschwinden". Entspricht der Verkaufserlös diesem Restbuchwert, wird dieser durch den Verkaufsvorgang aufgelöst. Zum Beispiel durch die Buchung „Bank an Einrichtung und Ausstattung". Ist der Verkaufserlös höher als der Restbuchwert, wird ein zusätzlicher Ertrag erzielt, der nicht dem Geschäftszweck entspricht; denn es ist nicht unser Ziel, Anlagegüter zu verkaufen. Also ist dieser Mehrerlös ein außerordentlicher Ertrag. Verkaufen wir hingegen ein Anlagegut unter dem Restbuchwert, dann wäre die logische Buchung „Bank und außerordentlicher Aufwand an Anlagevermögen".

9.5 Neutrale Aufwendungen und Erträge in der GuV

Selbstverständlich beeinflussen auch die neutralen Aufwendungen und Erträge den Gewinn und Verlust. Und somit sind sie auch in der Gewinn- und Verlustrechnung auszuweisen!
Wir nehmen lediglich buchhalterisch eine Trennung in:
- Neutrale Aufwendungen und Erträge und
- leistungsbedingte Aufwendungen und Erträge vor.

Das heißt, dass wir die hier in diesem Kapitel behandelten neutralen Aufwendungen und Erträge in einem Konto „Neutrales Ergebnis" zusammenführen. Das wiederum bedeutet, wir schließen die Salden der Konten dieser vier genannten Gruppen über das Konto „Neutrales Ergebnis" ab. Somit haben wir auf diesem Konto auf der Sollseite betriebsfremde Aufwendungen, Haus- und Grundstücksaufwendungen, Zinsaufwendungen und außerordentliche Aufwendungen – und auf der Habenseite betriebsfremde Erträge, Haus- und Grundstückserträge, Zinserträge und außerordentliche Erträge.

Den Saldo des Kontos „Neutrales Ergebnis" schließen wir in die Gewinn- und Verlustrechnung ab.

Die betriebsbedingten Aufwendungen (also die Kosten) und Erträge (Erlöse), die wir bisher direkt mit ihren Salden in die Gewinn- und Verlustrechnung abgeschlossen haben, schließen wir zunächst über das Konto „Betriebsergebnis" ab. Hier stehen nun also alle Salden, die wir bisher in der Gewinn- und Verlustrechnung hatten: im Soll die Kosten, im Haben die Erlöse. Der Saldo ist das erwirtschaftete Betriebsergebnis (betrieblicher Gewinn oder Verlust) und schließt ebenfalls über die Gewinn- und Verlustrechnung ab.

Nun haben wir also in der Gewinn- und Verlustrechnung ein Neutrales Ergebnis und ein Betriebsergebnis. Der Saldo aus beiden und somit der Saldo der Gewinn- und Verlustrechnung entspricht dann wieder wie bisher dem Gesamtergebnis.

Da ein Buchhalter immer gerne mit Konten arbeitet, stellen wir das hier jetzt gemeinsam mal auf Konten dar:

Neutrales Ergebnis

Betriebsfr. Aufwend.	Betriebsfr. Erträge
Haus- u. Grundst.Aufw.	Hauserträge
Zinsaufwendungen	Zinserträge
Außerord. Aufwend.	Außerord. Erträge
SALDO	SALDO
= neutraler Gewinn	= neutraler Verlust

Betriebsergebnis

Kosten	Erlöse
SALDO	SALDO
= betriebl. Gewinn	= betriebl. Verlust

Gewinn- und Verlustrechnung

Neutraler Verlust	Neutraler Gewinn
Betriebl. Verlust	Betriebl. Gewinn
SALDO	SALDO
= Reingewinn	= Reinverlust

Eigenkapital

Reinverlust	Reingewinn

So weit der Datenfluss auf den Konten, unterteilt nach neutralen und betrieblichen Aufwendungen und Erträgen bis zur Ergebniszuführung ins Eigenkapital.

Hier sei erwähnt, dass eine Alternative zu der Trennung auf den Konten „Neutrales Ergebnis" und „Betriebsergebnis", wie ich das hier dargestellt habe, darin besteht, alle Aufwendungen und Erträge direkt von den Konten in die Gewinn- und Verlustrechnung abzuschließen und das neutrale Ergebnis dann daraus als gesonderte Tabelle darzustellen. Man entnimmt also dann aus der Gewinn- und Verlustrechnung die Salden der neutralen Aufwands- und Ertragskonten und stellt sie als „Neutrales Ergebnis" tabellarisch dar. Die Zielsetzung ist in beiden Fällen die gleiche, nämlich das Gesamtergebnis in ein neutrales und ein betriebliches Ergebnis zu trennen.

10 Forderungen

10.1 Zweifelhafte und uneinbringliche Forderungen

Nicht jeder, der seine Rechnung nicht bezahlt, ist böse. Manche haben nur einfach kein Geld. Es gab immer schon Insolvenzen, und es wird sie immer geben. Und wenn Vanessa einmal Finanzprobleme mit ihrem schmucken kleinen Weinladen haben sollte, dann geht es ihr nicht so wie den Bankmanagern, die unzählige Millionen verplant haben und zur Belohnung noch hohe Abfindungen und sogenannte Bonuszahlungen kassieren. Da wird auch kein Staat daherkommen, ihr Geld geben und sich für ihre Geschäfte verbürgen. Nein, nein, Vanessa und unzählige andere seriöse Kaufleute sind dann ganz auf sich gestellt und werden nicht selten auch noch von ihrer jahrelangen Hausbank im Stich gelassen, wenn sie zur Überbrückung eines finanziellen Engpasses eine höhere Kreditlinie benötigen. Das kann schnell gehen, und schon ist die Zahlungsfähigkeit eingeschränkt. Und wenn einem dann Banken und Lieferanten nicht ein bisschen Vertrauen entgegenbringen, der eine durch einen Kredit, der andere durch einen Zahlungsaufschub, dann kann es ganz eng werden. Und sind wir mal ganz ehrlich, wirklich kreditwürdig ist doch nur der, der es eigentlich am wenigsten nötig hat und über genügend Kapital verfügt. Wie lautet denn die Standardfrage, wenn Sie einen Kredit haben wollen? „Was haben Sie für Sicherheiten?", heißt es doch da sofort. Na gut, ich möchte das nicht weiter verfolgen, ich wollte hier nur darstellen, dass man auch unverschuldet in Zahlungsschwierigkeiten kommen kann und dass es dementsprechend auch völlig „normal" ist, wenn sich in einem Unternehmen Zweifelhafte Forderungen ergeben oder sich Forderungen als uneinbringlich herausstellen.

Zunächst stellen wir lapidar fest, dass es ärgerlich ist, wenn man etwas geleistet oder geliefert hat und keine Gegenleistung bzw. kein Geld dafür bekommt. Wenn also ein Kunde einmal eine Kiste Wein nicht bezahlen kann, ist das auch für Vanessa sicher ärgerlich. Aber in dem Rahmen einer Kiste Wein verkraftet man den Ausfall zur Not. Nur, was ist mit dem Gebot der vorsichtigen Bilanzierung? Was ist mit der Bilanzwahrheit? In dem Moment, in dem eine Forderung auch nur zweifelhaft wird – das heißt, „zweifelhaft" ist ja eigentlich gar nicht die Forderung, sondern es ist zweifelhaft, ob wir Geld dafür bekommen und was sie somit wert ist –, sind wir gehalten, diese veränderte Situation auch buchhalterisch darzustellen und darauf zu reagieren. Zweifelhaft ist also die Bewertung unserer Forderung. Und genau darum geht es in diesem Kapitel.

Die Forderung ist zweifelhaft geworden, das bedeutet: Es ist zweifelhaft, ob wir eine Forderung in der ursprünglichen Höhe realisieren können.

§ 40 HGB schreibt vor, dass zweifelhafte Forderungen mit ihrem wahrscheinlichen Wert einzusetzen und uneinbringliche Forderungen abzuschreiben sind.
Ebenso entspricht es den Grundsätzen ordnungsmäßiger Buchführung, Forderungen, die nicht mehr als vollwertig anzusehen sind, von den einwandfreien Forderungen abzusondern.

Die zweifelhaften Forderungen nennt man auch „**Dubiose**".
Wenn ein Kunde bzw. Schuldner seine Zahlungen einstellt, Insolvenz anmeldet oder uns ein Konkursverfahren bekannt wird, ist unsere Forderung an ihn als Zweifelhafte Forderung anzusehen und als solche von den einwandfreien Forderungen auf „Zweifelhafte Forderungen" umzubuchen.
Der Buchungssatz lautet also: Zweifelhafte Forderungen an Forderungen aus LuL.
Dabei gehen wir in der Regel davon aus, dass ein Teil der zweifelhaften Forderungen noch realisierbar ist. Dies hat zur Folge, dass wir beim Jahresabschluss auf die zweifelhaften Forderungen eine Wertberichtigung vorzunehmen haben.
Die in den zweifelhaften und uneinbringlichen Forderungen enthaltene Mehrwertsteuer kann aber erst dann berichtigt werden, wenn die Höhe des tatsächlichen Forderungsausfalles genau feststeht. Das ist dann der Fall, wenn über ein Konkurs- oder Vergleichsverfahren Klarheit herrscht und der uneinbringliche Teil der Forderung endgültig feststeht.

Nicht der geschätzte, sondern der tatsächlich eingetretene Forderungsausfall führt zur Berichtigungsbuchung der Mehrwertsteuer.

Wir halten also fest: Bei den Forderungen an Kunden wird unterschieden in
- einwandfreie Forderungen,
- zweifelhafte Forderungen und
- uneinbringliche Forderungen.

Einwandfreie Forderungen sind vollwertige Forderungen. Zweifelhafte Forderungen sind nur zum Teil einbringlich. Uneinbringliche Forderungen sind als Totalverlust anzusehen.

10.2 Abschreibung von Forderungen

Bei der Abschreibung von Forderungen unterscheiden wir in:
- die direkte Abschreibung,
- die indirekte Abschreibung durch Einzelwertberichtigung,
- die indirekte Abschreibung durch Pauschalwertberichtigung.

Wir wollen diese Thematik im Folgenden einmal anhand von Beispielen durchgehen.

10.2.1 Direkte Abschreibung von Forderungen

Von den Forderungen werden durch Eröffnung eines Konkursverfahrens eines Kunden 1190,00 Euro zweifelhaft.
– Buchung: Zweifelhafte Forderungen an Forderungen aus LuL 1190,00 Euro.
Das Konkursverfahren wird noch während des Geschäftsjahres mangels Masse eingestellt. Die Forderung ist somit nicht mehr zweifelhaft, sie ist uneinbringlich.
– Buchung: Abschreibungen auf Forderungen 1000,00 Euro und Mehrwertsteuer 190,00 Euro an Zweifelhafte Forderungen 1190,00 Euro.

Unterstellen wir in einem anderen Beispiel mit den gleichen Zahlen, dass von den Zweifelhaften Forderungen im Laufe des Geschäftsjahres 357,00 Euro eingehen und der Rest uneinbringlich ist.
- Buchung: Bank an Zweifelhafte Forderungen 357,00 Euro.
- Buchung: Abschreibungen auf Forderungen 700,00 Euro und Mehrwertsteuer 133,00 Euro an Zweifelhafte Forderungen 833,00 Euro.

Die Mehrwertsteuerberichtigung erfolgt also erst bei tatsächlichem Forderungsausfall.

10.2.2 Indirekte Abschreibung von Forderungen durch Einzelwertberichtigung

Wenn der Ausgang eines Konkursverfahrens zum Jahresabschluss nicht feststeht, muss der Wert unserer zweifelhaften Forderung berichtigt werden. Ja, er muss! Gem. HGB § 40. Das geschieht durch die indirekte Abschreibung, indem wir einen Wertberichtigungsposten bilden. Diese Wertberichtigungsposten nennt man auch **„Delkredere"**.

Bleiben wir im Beispiel bei unserer zweifelhaften Forderung von 1190,00 Euro und rechnen mit einem Forderungsausfall von 70 %. Das heißt im Umkehrschluss, dass wir davon ausgehen, über die Konkursquote noch 30 % unserer Forderung realisieren zu können.

Ganz wichtig ist hierbei, dass die Wertberichtigung nur aus der Nettoforderung, also ohne Mehrwertsteuer zu bilden ist. Warum ist das so? Die Mehrwertsteuer ist eine Art durchlaufender Posten. Wenn wir einen Forderungsausfall haben, zahlen wir dafür ja im Endeffekt keine Mehrwertsteuer, sondern buchen diese wieder zurück. Das haben wir ja auch schon im Beispiel der direkten Abschreibung auf Forderungen so gemacht. Der Mehrwertsteuer-Anteil führt also bei einem Forderungsausfall zu keinem Verlust und ist deshalb natürlich auch nicht in die Abschreibungen einzubeziehen.

Zum Jahresabschluss buchen wir also wie folgt:
- Abschreibungen auf Forderungen an Wertberichtigungen auf Forderungen 700,00 Euro.

Gehen wir dafür einmal die Abschlussbuchungen durch:
- Betriebsergebnis an Abschreibungen auf Forderungen 700,00 Euro.
- Schlussbilanz an Zweifelhafte Forderungen 1190,00 Euro.
- Wertberichtigungen auf Forderungen an Schlussbilanz 700,00 Euro.

In der Bilanz erscheint also auf der Aktivseite als Vermögenswert die zweifelhafte Forderung in voller Höhe einschließlich der Mehrwertsteuer mit insgesamt 1190,00 Euro. Dem steht auf der Passivseite die Wertberichtigung in Höhe von 700,00 Euro gegenüber. Ist das denn korrekt? Das ergibt per Saldo einen Vermögenswert von 490,00 Euro.

Wir erwarten aber nur 30 % aus 1190,00 Euro, und das entspricht einer Realisierung von nur 357,00 Euro. – Natürlich ist das korrekt; denn die Differenz von 133,00 Euro entspricht der Mehrwertsteuer auf unseren Forderungsausfall (19 % von 700,00 Euro = 133,00 Euro) und die holen wir uns ja vom Finanzamt wieder zurück, sodass auch diese 133,00 Euro für uns einen Vermögenswert darstellen. Nämlich eine Forderung an das Finanzamt.

Der Vorteil des Wertberichtigungspostens liegt in der Klarheit, da wir sowohl den ursprünglichen Wert der Forderung als auch den erwarteten Forderungsausfall aus der Bilanz ersehen können.

Natürlich müssen die Wertberichtigungen auf Forderungen auf separaten Konten gebucht werden und nicht etwa auf dem Konto Wertberichtigungen auf Anlagen. Für die Entwicklung unserer vorgenommenen Einzelwertberichtigung im folgenden Geschäftsjahr konstruieren wir im Folgenden einmal vier Beispiele.

Beispiel 1

Im neuen Geschäftsjahr stellt sich heraus, dass die Schätzung gestimmt hat. Die Konkursquote beträgt demnach 30 % und wird in Höhe von 357,00 Euro auf unser Bankkonto überwiesen.

Gesamtdarstellung:

	Gesamtforderung	1190,00 Euro
./.	Zahlungseingang	357,00 Euro
=	Brutto-Ausfall	833,00 Euro
./.	MwSt-Anteil	133,00 Euro
=	Netto-Ausfall	700,00 Euro
./.	Einzelwertberichtigung	700,00 Euro
	Ergebnis:	0,00 Euro

Buchungen:
- Bank an Zweifelhafte Forderungen 357,00 Euro.
- Mehrwertsteuer an Zweifelhafte Forderungen 133,00 Euro.
- Wertberichtigung auf Forderungen an Zweifelhafte Forderungen 700,00 Euro.

Die Einzelwertberichtigung ist also nach Abwicklung des Vorganges wieder aufzulösen.

Beispiel 2

Unsere Schätzung hat nicht gestimmt. Die Konkursquote beträgt nur 20 %. Der Ausfall beträgt somit nicht 70 %, sondern 80 %. Dementsprechend gehen auf unserem Bankkonto nur 238,00 Euro ein.

Gesamtdarstellung:

	Gesamtforderung	1190,00 Euro
./.	Zahlungseingang	238,00 Euro
=	Brutto-Ausfall	952,00 Euro
./.	MwSt-Anteil	152,00 Euro
=	Netto-Ausfall	800,00 Euro
./.	Einzelwertberichtigung	700,00 Euro
	Betriebl. a.o. Aufwand	100,00 Euro

Buchungen:
- Bank an Zweifelhafte Forderungen 238,00 Euro.
- Mehrwertsteuer an Zweifelhafte Fordrungen 152,00 Euro.
- Wertberichtigung auf Forderungen an Zweifelhafte Forderungen 700,00 Euro.
- Betriebl. a. o. Aufwand an Zweifelhafte Forderungen 100,00 Euro.

Der zusätzliche Ausfall, der über die indirekte Abschreibung hinausging, in diesem Fall also in Höhe von 100,00 Euro, ist somit als Betrieblicher außerordentlicher Aufwand zu buchen.

Verproben wir doch einmal zum besseren Verständnis die Mehrwertsteuer:
Wir hatten ursprünglich einen Umsatz von 1000,00 Euro und darauf 190,00 Euro Mehrwertsteuer an das Finanzamt bezahlt. Forderung somit 1190,00 Euro. Bekommen haben wir aus dieser Forderung aber nur 238 Euro. Das entspricht einem Netto-Umsatz von 200,00 Euro und einem Mehrwertsteuer-Anteil von 38,00 Euro.

Gezahlte MwSt	190,00 Euro
Berichtigte MwSt	38,00 Euro
Zu viel gezahlt	152,00 Euro

152,00 Euro ist auch unsere Rückbuchung auf dem Mehrwertsteuer-Konto. Wir haben also alles richtig gemacht und gebucht.

Beispiel 3

Der Ausfall beträgt nicht 70 %, sondern nur 60 %. Die Konkursquote beträgt also 40 %. Somit gehen auf unserem Bankkonto 476,00 Euro ein.
Es empfiehlt sich schon, so eine Nebendarstellung zu machen, die auch die Verbuchung wesentlich erleichtert.

Gesamtdarstellung:

	Gesamtforderung	1190,00 Euro
./.	Zahlungseingang	476,00 Euro
=	Brutto-Ausfall	714,00 Euro
./.	MwSt-Anteil	114,00 Euro
=	Netto-Ausfall	600,00 Euro
./.	Einzelwertberichtigung	700,00 Euro
	Betr. a.o. Ertrag	100,00 Euro

Buchungen:
- Bank an Zweifelhafte Forderungen 476,00 Euro.
- Mehrwertsteuer an Zweifelhafte Forderungen 114,00 Euro.
- Wertberichtigung auf Forderungen an Zweifelhafte Forderungen 600,00 Euro.
- Wertberichtigung auf Forderungen an Betriebliche außerordentliche Erträge 100,00 Euro.

Verproben wir auch hier die Mehrwertsteuer:
Sie betrug auf den ursprünglichen Umsatz 190,00 Euro. Bekommen haben wir von den 1000,00 Euro netto nur 40 %, somit 400,00 Euro.
19 % MwSt auf 400,00 Euro = 76,00 Euro.
Somit haben wir 114,00 Euro zu viel bezahlt, die wir nun auch auf dem Mehrwertsteuerkonto zurückgebucht haben.

Beispiel 4

Das Konkursverfahren ist mangels Masse eingestellt worden. Wir bekommen also gar nichts. Konkursquote somit 0 %, die zweifelhafte Forderung ist in voller Höhe uneinbringlich.

Gesamtdarstellung:

	Gesamtforderung	1190,00 Euro
./.	Zahlungseingang	0,00 Euro
=	Brutto-Ausfall	1190,00 Euro
./.	MwSt-Anteil	190,00 Euro
=	Netto-Ausfall	1000,00 Euro
./.	Einzelwertberichtigung	700,00 Euro
	Betrieblicher a.o. Aufwand	300,00 Euro

Buchungen:
- Mehrwertsteuer an Zweifelhafte Forderungen 190,00 Euro.
- Wertberichtigung auf Forderungen an Zweifelhafte Forderungen 700,00 Euro.
- Betriebliche außerordentliche Aufwendungen an Zweifelhafte Forderungen 300,00 Euro.

Wir haben also die vollständige Mehrwertsteuer, die wir für den Umsatz an das Finanzamt gezahlt hatten, zurückgebucht und bekommen diese somit durch Verrechnung erstattet.

10.2.3 Indirekte Abschreibung von Forderungen durch Pauschalwertberichtigung

Wie der Name sagt, geht es bei der Einzelwertberichtigung darum, die einzelne konkret bekannte zweifelhafte Forderung wertzuberichtigen. Hingegen geht es bei der Pauschalwertberichtigung um das allgemeine Kreditrisiko. Sie wird als „Pauschalwertberichtigung zu Forderungen" auf der Passivseite der Bilanz ausgewiesen. Neben den bekannten Einzelfällen von Vergleichs- oder Konkursverfahren ist am Bilanzstichtag nie ganz bekannt, welche Forderungen als teil- oder sogar ganz uneinbringlich anzusehen sind. Zu vermeiden sind Ausfälle nie. Wegen diesem unbekannten Ausfallrisiko bildet man eine Pauschalwertberichtigung.

Diese wird prozentual auf den Gesamtbetrag der Außenstände, jedoch **ohne** Mehrwertsteuer, gebildet. Sofern Einzelwertberichtigungen vorgenommen worden sind, sind natürlich auch diese Forderungen in die Berechnung der Pauschalwertberichtigung **nicht** einzubeziehen.

Beispiel

Forderungen aus Lieferungen und Leistungen	178.500,00 Euro	
davon Mehrwertsteuer ./.	28.500,00 Euro	150.000,00 Euro
Besitzwechsel	14.280,00 Euro	
davon Mehrwertsteuer	2280,00 Euro	12.000,00 Euro
		162.000,00 Euro
davon einzelwertberichtigt ./.		1500,00 Euro
		160.500,00 Euro

Angenommener durchschnittlicher Ausfallsatz 2 % = 3210,00 Euro

„Besitzwechsel" und deren buchhalterische Behandlung werden wir noch separat besprechen (s. Kap. 11). Hier sei so viel vorweggenommen, dass die Besitzwechsel an die Stelle einer ausgewiesenen Forderung treten und diese Forderung ja so lange Bestand hat, bis der Wechsel eingelöst ist.

Deshalb unterliegen grundsätzlich auch Besitzwechsel dem Ausfallrisiko und werden daher in die Berechnung der Pauschalwertberichtigung einbezogen. Aus Gründen dieser Vollständigkeit habe ich in diesem Beispiel auch einen Posten für Besitzwechsel berücksichtigt.

Buchung:
– Abschreibung auf Forderungen an Pauschalwertberichtigung zu Forderungen 3210,00 Euro.

So, damit haben wir auch dieses Kapitel sehr gut abgehandelt. War das heute unsere neunte gemeinsame Stunde? Vielleicht sollten wir uns zum Schluss noch eine kleine Übungsaufgabe gönnen . . .

10.3 Übungsaufgabe

Das Konto „Forderungen aus Lieferungen und Leistungen" weist einen Saldo von 47.600,00 Euro aus. Die zugrunde liegenden Umsätze sind alle mit 19 % Mehrwertsteuer fakturiert worden.

1) Über das Vermögen eines Kunden wird das Konkursverfahren eröffnet. Unsere Forderung an ihn beträgt 3570,00 Euro.
2) Beim Jahresabschluss rechnen wir mit einer Konkursquote in Höhe von 20 %.
3) Wir berücksichtigen unseren Ausfallerfahrungen zufolge eine Pauschalwertberichtigung von 2 %.

Buchen Sie bitte den Vorgang auf T-Konten.

4) Im neuen Geschäftsjahr ergibt sich aus dem Konkursverfahren eine Quote von 15 %, dafür gehen bei der Bank 535,50 Euro ein.

Eröffnen Sie bitte die Konten, soweit sie diesen Vorgang betreffen, und buchen Sie auch diesen Vorgang im neuen Geschäftsjahr mit der Darstellung der Konkursforderung und der Verprobung der Mehrwertsteuer für die zweifelhaft gewordene Forderung.

10.4 Lösung

Die Gesamtforderung setzt sich zusammen aus 40.000 plus 7600 MwSt = 47.600,00 Euro:

Forderungen aus LuL	
47.600,00	

Die zweifelhaften Forderungen betragen 3000 plus 570 MwSt = 3570,00 Euro:

Forderungen aus LuL	
47.600,00	1) 3570,00

Zweifelhafte Forderungen	
1) 3570,00	

Erwartete Quote 20 %, erwarteter Ausfall somit 80 % von 3000 = 2400,00 Euro:

Abschreibung auf Forderungen	
2) 2400,00	

Wertberichtigung zu Forderungen

	2) 2400,00

Pauschalwertberichtigung:

Nettoforderung		40.000,00
Einzelwertber.	./.	3000,00
		37.000,00
darauf 2 % =		740,00

Abschreibung auf Forderungen

3) 740,00	

Pauschalwertberichtigung zu Forderungen

	3) 740,00

Darstellung der Zweifelhaften Forderung:

Gesamtforderung		3570,00
./.	Zahlungseingang	535,50
=	Brutto-Ausfall	3034,50
./.	MwSt-Anteil	484,50
=	Netto-Ausfall	2550,00
./.	Einzelwertberichtigung	2400,00
	Betriebl. a.o. Aufwand	150,00

Bank

4a)	535,50	

Mehrwertsteuer

4b)	484,50	

Wertberichtigung auf Forderungen

4c)	2400,00	

Betrieblicher a.o. Aufwand

4d)	150,00	

Zweifelhafte Forderungen

	4a)	535,50
	4b)	484,50
	4c)	2400,00
	4d)	150,00

Die Konten wurden hier je Vorgang dargestellt. Im Zusammenhang sind nun die Konten Einzelwertberichtigung und Zweifelhafte Forderungen wieder ausgeglichen.

Mehrwertsteuerverprobung:

Gezahlt wurden ursprünglich 19 % MwSt auf 3000,00 Euro = 570,00 Euro.
Realisieren konnten wir nur 15 % = 450,00, darauf 19 % MwSt = 85,50 Euro.
Somit zu viel gezahlte MwSt 484,50 Euro.
Das entspricht auch der vorgenommenen Rückbuchung auf dem Mehrwertsteuerkonto.

So sah das jetzt am Ende der Stunde auch auf den Darstellungen und auf den T-Konten von Vanessa aus. Und sie hatte heute Ferien und Urlaub. Ich weiß nicht, ob ich die Stunde nicht hätte ausfallen lassen an ihrer Stelle ...

Abschließend sehen wir uns die Vorgänge noch aus der Sicht der Bilanzveränderungen an:
– Die Forderung wird zweifelhaft ist ein ... ?
  Aktivtausch; denn aus dem Aktivposten Forderungen aus Lieferungen und Leistungen wird der Aktivposten Zweifelhafte Forderungen.
– Wir bilden eine Wertberichtigung auf Zweifelhafte Forderungen ist ein ... ?
  Passivtausch; denn auf der Passivseite der Bilanz erscheint der Posten Wertberichtigungen und durch die Abschreibung mindert sich das Eigenkapital.
– Die Forderung ist uneinbringlich und wird direkt abgeschrieben ... ?
  Aktiv-Passiv-Minderung; denn der Aktivposten Zweifelhafte Forderung wird ausgebucht und die Abschreibung mindert den Passivposten Eigenkapital.
– Die um die Wertberichtigung verminderte Forderung wird im Folgejahr realisiert ... ?
  Aktivtausch durch die Buchung Bank an Zweifelhafte Forderungen und gleichzeitig eine *Aktiv-Passiv-Minderung* durch Auflösung der Wertberichtigung, da auf der Aktivseite der Bilanz jetzt die Zweifelhafte Forderung und auf der Passivseite die Wertberichtigung ausgebucht wird.

11 Buchungen im Wechselverkehr

Sind wir wirklich schon in der zehnten Stunde angelangt? – Vielleicht müsste es auch heißen: Wir sind erst in der zehnten Stunde angelangt. Denn wir haben doch schon ein großes Pensum geschafft in der Zeit, und auch Vanessa hat mir bestätigt, dass sie schon eine ganze Menge „Buchführung" bei mir gelernt hat und sich in vielen Dingen nun schon wesentlich sicherer fühlt. Ja, liebe Vanessa, da Ihnen angeblich auch meine Vorgehensweise und meine ganz spezielle Art der Vermittlung von Kenntnissen gefällt, machen wir weiter.

Wir hatten im vergangenen Kapitel bei der Berechnung der Pauschalwertberichtigung zu Forderungen schon den Begriff „Besitzwechsel" erwähnt.
Wir wollen hier nicht das Wesen des Wechsels mit allen betriebswirtschaftlichen Besonderheiten erörtern, sondern uns im Rahmen der Buchführung mit der Bedeutung des Wechsels als Kredit- und Zahlungsmittel befassen. In erster Linie ist der Wechsel für den Kaufmann ein Kreditmittel. Während der Lieferant dem Kunden mit dem Wechsel einen Kredit gewährt, kann der Lieferant seinerseits den Wechsel bei seiner Bank zur Diskontierung vorlegen und ihn somit selbst auch wiederum als Kreditmittel nutzen. Gegenüber der normalen Forderung ist der Wechsel für den Gläubiger eine größere Sicherheit wegen der strengen Vorschriften des Wechselgesetzes – auch **Wechselstrenge** genannt – und der solidarischen Haftung aller an dem Wechsel Beteiligten. Das sorgt für eine größere Wahrscheinlichkeit, dass die Wechsel am Verfalltag auch eingelöst werden.
Dem Warenwechsel, oder auch Handelswechsel genannt, liegt ein Waren- oder Dienstleistungsgeschäft zugrunde (im Gegensatz zum Finanzwechsel). Den Warenwechsel stellt der Lieferant zur Sicherung seiner Forderung aus. Der Käufer, auch **Bezogener des Wechsels** genannt, akzeptiert den Wechsel durch seine Unterschrift. Deshalb spricht man auch von einem **Akzept**. Der Warenwechsel dient der Verlängerung der Zahlungsfrist, das sind in der Regel 90 Tage. Das bedeutet, dass der Käufer für die bezogene Ware erst nach 90 Tagen den Wechsel einlösen und somit zahlen muss. Für den Verkäufer stellt der Wechsel eine wesentlich größere Sicherheit dar, als wenn er den Kaufpreis einfach nur so lange stunden würde. Außerdem hat auch der Verkäufer die Möglichkeit, den Wechsel wieder zu Geld zu machen, indem er ihn bei einer Bank diskontieren lässt. Darauf kommen wir noch zurück.
Eine weitere Möglichkeit wäre, dass der Verkäufer den Wechsel seinerseits als Zahlungsmittel benutzt und an einen seiner Gläubiger weitergibt. Er kann ihn natürlich auch bis zum Verfalltag (Fälligkeit) in seinen Tresor legen.
Wenn wir an den kleinen Weinladen von Vanessa denken, wäre es ja ein großer Vorteil für sie, wenn sie die bezogenen Weine erst nach 90 Tagen zu bezahlen bräuchte. Bei guter Disposition hat sie ja bis dahin die ganze Lieferung schon wieder an ihre Kunden verkauft und käme somit ohne Eigenkapital über die Runden, zumindest, was die Kapitalbindung in den Vorräten anbelangt.
Diskontierung eines Wechsels bedeutet, dass man den Wechsel einer Bank vorlegen kann, die den Gegenwert des Wechsels gutschreibt oder auszahlt. Die Bank

übernimmt also in diesem Fall bis zur Fälligkeit die Finanzierung des Wechsels. Wir kennen das typische Bankgeschäft, sie gibt Geld und verlangt dafür Zinsen. Das ist beim Wechsel nicht anders. Der **Wechseldiskont** ist die Verzinsung für das vorzeitig bereitgestellte Geld. Das gilt auch für die Buchführung: Wechseldiskont = Zinsen. Die Bank berechnet also nach einem Zinssatz für Wechseldiskont die anteiligen Zinsen für die noch verbleibende Laufzeit des Wechsels bis zur Fälligkeit und zieht dem Einreicher diesen Diskont bei Auszahlung von der Wechselsumme ab. Wie wir zu unserem Leidwesen von den Banken wissen, wollen sie für jede ihrer Leistungen auch noch Gebühren von uns haben. Auch das ist bei der Diskontierung eines Wechsels nicht anders. Die Gebühren, die die Bank zusätzlich zum Diskont berechnet, nennt man **Wechselspesen**.

Nur um der Chronistenpflicht zu genügen, sei hier erwähnt, dass es keine Wechselsteuer mehr gibt. Sie wurde im Jahre 1871 „für das ganze Reich", wie es damals so schön hieß, eingeführt und zum 1.1.1992 abgeschafft. Nach der damaligen Fassung mit dem Datum jenes Geburtstages von mir, an dem ich meine Volljährigkeit gefeiert habe, klebte man je angefangene hundert DM eine Wechselsteuermarke zu 15 Pfennig auf die Rückseite des Wechsels. So etwas ist doch auch mal interessant zu wissen, auch wenn Vanessa noch in den Kindergarten ging, als man dieses Steuergesetz abgeschafft hat.

Quelle: wikipedia

Buchhalterisch unterscheiden wir zwischen Schuldwechsel und Besitzwechsel. Auf die Frage, wie kann ich denn Schuldwechsel und Besitzwechsel unterscheiden, habe ich eine mir interessant erscheinende Antwort gelesen, die sehr simpel und einleuchtend ist:
- Schuldwechsel = man schuldet,
- Besitzwechsel = man besitzt.

11.1 Schuldwechsel

Der Schuldwechsel entsteht aus der Annahme, also dem Akzept, eines gezogenes Wechsels oder durch Ausstellung eines eigenen, des sogenannten Solawechsels.
Schuldwechsel sind als Wechselverbindlichkeit zu passivieren. Warum fange ich hier mit dem Schuldwechsel an und nicht mit dem Besitzwechsel? Weil ich es aus der Sicht des Kaufmanns sehe, der an einer verlängerten Zahlungsfrist interessiert ist. Also beispielsweise aus der Sicht von Vanessa mit ihrem Weinladen. Wir kaufen eine Ware ein, möchten diese aber gerne erst später bezahlen und möglichst von unseren Kunden vorher wieder etwas Geld hereinholen. Das können wir mit dem Schuldwechsel erreichen. Der sogenannte **gezogene Wechsel** ist eine Zahlungsanweisung des Ausstellers an den Bezogenen, eine bestimmte Geldsumme zu einem bestimmten Zeitpunkt zu zahlen. Erkennt der Bezogene das durch seine Unterschrift an, wird aus der sogenannten **Tratte** ein **Akzept**. Damit ist aus der Zahlungsanweisung eine Zahlungsverpflichtung geworden. Beim **Solawechsel** oder eigenen Wechsel tritt an die Stelle der Zahlungsanweisung das **Zahlungsversprechen** des Ausstellers.

Ich habe immer wieder die Feststellung gemacht, dass viele Zusammenhänge wesentlich einfacher nachzuvollziehen sind, wenn wir sie nicht als Theorie, sondern als Praxis erleben oder zumindest empfinden. Deshalb möchte ich noch einmal das Beispiel von Vanessas Weinhandel für den Schuldwechsel herhalten lassen. Wir stellen uns vor, dass Vanessa einen finanziellen Engpass hat, und dass ihr sehr daran gelegen ist, eine größere Lieferung von dem Weingut erst nach 90 Tagen bezahlen zu können. Auf ihre diesbezügliche Frage und Bitte an den Winzer, teilt dieser mit, dass er grundsätzlich damit einverstanden sei, wenn Vanessa einen Warenwechsel akzeptiert. Der Winzer ist also der Aussteller eines Wechsels und schickt diese sogenannte Tratte an den Bezogenen, nämlich an Vanessa. Und in dieser Tratte steht die Zahlungsaufforderung, an einem fest bestimmten Tag, nämlich nach 90 Tagen, eine bestimmte Summe, nämlich den Wert der Weinlieferung, zu zahlen. Die Bezogene Vanessa unterschreibt diesen Wechsel, sie macht damit aus der Tratte ein Akzept und ist damit eine Zahlungsverpflichtung eingegangen.

Und was ist damit in der Buchhaltung passiert? Buchhalterisch ist das ganz einfach. Aus der Verbindlichkeit aus Lieferungen und Leistungen ist eine Schuldwechselverbindlichkeit geworden. Demgemäß buchen wir auch:
- Verbindlichkeiten aus LuL an Schuldwechsel.

Und wenn wir diesen Schuldwechsel nach 90 Tagen einlösen, buchen wir:
- Schuldwechsel an Bank.

Oder, wer es lieber bar mag:
- Schuldwechsel an Kasse.

11.2 Besitzwechsel

Wenn wir uns an das „Spiel" erinnern, als ich mehrere Zettel vorbereitet hatte, die verschiedene Geschäftsvorfälle symbolisierten und aus denen Vanessa die Buchungssätze abgeleitet hat, fällt uns ein, dass wir zum Beispiel die Forderungen

und die Verbindlichkeiten im Wechsel zwischen Lieferant und Kunde betrachtet haben. Wenn ich eine Forderung an Vanessa hatte, hatte Vanessa eine Verbindlichkeit an mich zu buchen. Hatte Vanessa eine Forderung an mich, dann hatte ich gleichzeitig eine Verbindlichkeit an Vanessa. Erinnern Sie sich? – Warum erzähle ich das jetzt in diesem Zusammenhang? Weil es bei dem Wechselgeschäft aus buchhalterischer Sicht genauso einfach ist. Indem ich nämlich als Bezogener eines Warenwechsels einen Schuldwechsel buche, wie wir vorstehend gesehen haben, ist das für meinen Lieferanten ein Besitzwechsel. Genauso logisch ist auch bei meinem Lieferanten nun die Buchung. Vorher hatte ich an ihn eine Verbindlichkeit und er an mich eine Forderung. Durch den Warenwechsel nun habe ich einen Schuldwechsel verbucht und der Lieferant bucht:
– Besitzwechsel an Forderungen aus Lieferungen und Leistungen.

Lässt er den Wechsel bis zum Fälligkeitstag liegen und bekommt ihn eingelöst, dann bucht er:
– Bank (oder Kasse) an Besitzwechsel.

Gibt der Lieferant seinerseits den Wechsel an einen seiner Lieferanten weiter, so lautet seine Folgebuchung:
– Verbindlichkeiten aus Lieferungen und Leistungen an Besitzwechsel.

Und als dritte Möglichkeit kann der Lieferant den Wechsel auch seiner Bank zur Diskontierung vorlegen und so zu Geld machen. Wie wir festgestellt haben, will die Bank aber dafür Zinsen haben und berechnet außerdem Gebühren, die sogenannten Wechselspesen.
Die Buchung des Lieferanten bei Diskontierung durch die Bank würde also lauten:
– Bank und Zinsaufwendungen und Kosten des Geldverkehrs an Besitzwechsel.

Beispiel

Wir haben einen Besitzwechsel über 6000 Euro, den wir der Bank zum Diskont vorlegen.
Die Bank berechnet uns 90 Euro Wechseldiskont und 20 Euro Wechselspesen.

Buchung:
Bank	5890 Euro
Wechseldiskont (Zinsaufwand)	90 Euro
Wechselspesen (Kosten d. Geldverk.)	20 Euro
an Besitzwechsel	6000 Euro

11.3 Beispiele für Buchungen im Wechselverkehr

So, Vanessa, es wäre schön, wenn Sie jetzt noch ein paar Vorgänge auf T-Konten buchen würden.

11.3.1 Eingang eines Besitzwechsels

Aus einem Ziel-Kaufgeschäft erwächst für den Verkäufer zunächst eine Forderung an den Käufer. Akzeptiert der Käufer einen Wechsel seines Lieferanten, so wird die Warenforderung durch eine Wechselforderung ersetzt.

Beispiel

Ein Lieferant verkauft an Vanessa Waren zum Preis von 10.000,00 Euro zzgl. 1900,00 Euro MwSt. Beide vereinbaren ein Wechselgeschäft.
Buchen Sie bitte beim Lieferanten!

Buchungssätze:

Beim Lieferanten:
1. Forderungen 11.900,00 an Warenverkauf 10.000,00
   MwSt 1900,00
2. Besitzwechsel 11.900,00 an Forderungen 11.900,00

Soll	Forderungen a. LuL	Haben
11.900,00		11.900,00

Soll	Warenverkauf	Haben
		10.000,00

Soll	Besitzwechsel	Haben
11.900,00		11.900,00

Soll	MwSt	Haben
		1.900,00

Und den gleichen Vorgang buchen Sie bitte beim Kunden!

Beim Kunden („Vanessa"):
1. Wareneinkauf 10.000,00
   Vorsteuer 1900,00 an Verbindlichkeiten LuL 11.900,00
2. Verbindlichkeiten 11.900,00 an Schuldwechsel 11.900,00

Soll	Wareneinkauf	Haben
10.000,00		

Soll	Verbindlichkeiten	Haben
11.900,00		11.900,00

Soll	Schuldwechsel	Haben
		11.900,00

Soll	Vorsteuer	Haben
1900,00		

11.3.2 Der Einzug des Wechsels

Im einfachsten Falle legt der Wechselinhaber dem Schuldner den Wechsel selbst vor. Wechselinhaber in unserem Beispiel ist der Lieferant, Schuldner sind wir.
Buchen Sie zunächst beim Lieferanten!

Bank an Besitzwechsel 11.900,00 Euro

Soll	Bank	Haben		Soll	Besitzwechsel	Haben
11.900,00						11.900,00

Und nun buchen Sie den gleichen Vorgang beim Kunden!

Schuldwechsel an Bank 11.900,00 Euro

Soll	Schuldwechsel	Haben		Soll	Bank	Haben
11.900,00						11.900,00

Beauftragt der Inhaber des Wechsels seine Hausbank mit dem Einzug, dann berechnet ihm die Bank dafür eine Inkassoprovision. Für den Wechselinhaber sind das buchhalterisch Kosten des Geldverkehrs.

© Roman Reinacher/pixelio.de

Nehmen wir an, die Bank würde 0,8 % der Wechselsumme als Inkassoprovision berechnen, dann wäre die Buchung bei Einzug des Wechsels beim Lieferanten:

Bank   11.804,80
Kosten des Geldverkehrs   95,20   an   Besitzwechsel   11.900,00

Soll	Bankkonto	Haben		Soll	Besitzwechsel	Haben
11.804,80				11.900,00		11.900,00

Soll	Kosten des Geldverkehrs	Haben
95,20		

Für die Zeit der Kreditierung vom Kauf bis zur Einlösung des Wechsels berechnet der Wechselinhaber, in diesem Fall der Lieferant, dem Schuldner, in diesem Fall dem Kunden, den wir als Vanessa definiert haben, zusätzlich Zinsen, da er die Forderung aus der ursprünglichen Warenlieferung bis zur Einlösung des Wechsels gestundet und somit auch einen Zinsverlust hatte.

Die Weiterverrechnung von Diskont und Spesen ist grundsätzlich umsatzsteuerpflichtig.

Nehmen wir an, der Wechsel hatte eine vereinbarte Fälligkeit von 90 Tagen nach Fälligkeit der Warenforderung und der Lieferant berechnet einen Jahreszins von 12 %, dann ermittelt er einen Zinsverlust in Höhe von 11.900 × 12 × 90 : 100 × 360 = 357 Euro, der dem Käufer in Rechnung gestellt wird.

Buchung beim Lieferanten:

Forderungen	424,83	an	Zinserträge	357,00
		an	MwSt	67,83

und nach Zahlung durch den Käufer:

Bankkonto	424,83	an	Forderungen	424,83

Soll	Forderungen	Haben	Soll	Zinserträge	Haben
	424,83	424,83			357,00

Soll	Bankkonto	Haben	Soll	MwSt	Haben
	424,83				67,83

Buchung beim Kunden:
Vanessa bucht:
Zinsaufwendungen 357,00 Euro
Vorsteuer 67,83 Euro
an Verbindlichkeiten 424,83 Euro

Und nach Zahlung an den Lieferanten:

Verbindlichkeiten	424,83	an	Bank	424,83

Soll	Zinsaufwand	Haben	Soll	Vorsteuer	Haben
	357,00			67,83	

Soll	Verbindlichkeiten	Haben	Soll	Bank	Haben
	424,83	424,83			424,83

11.3.3 Diskontierung durch eine Bank

Die Diskontierung eines Wechsels bedeutet die Einreichung eines Wechsels bei einer Geschäftsbank vor Fälligkeit. Vom Tag der Einreichung bis zum Verfalltag des Wechsels gewährt die Bank dem Einreicher einen Kredit und zieht dafür die auf die Kreditzeit entfallenden Wechselzinsen (= Diskont) sowie meist Bankspesen im Voraus ab. Den sogenannten Barwert des Wechsels schreibt die Bank am Tag der Einreichung gut. Der Diskontsatz ist der Zinssatz, zu dem die Bank den Betrag des Wechsels für die Zeit der Vorfinanzierung verzinst.

Den Ansatz für die Ermittlung hatten wir schon vorstehend in dem Beispiel angewendet, Sie kennen ihn auch aus der üblichen Zinsformel.

In diesem Fall also:

$$\text{Diskont} = \frac{\text{Kapital} \times \text{Prozent} \times \text{Tage}}{100 \times 360}$$

$$\boxed{\text{Diskont} = \frac{K \times P \times T}{100 \times 360}}$$

Wenn die Bank Diskont und Spesen berechnet, so tritt keine Umsatzsteuerpflicht ein, da es sich jetzt nicht mehr um ein Warengeschäft, sondern um ein umsatzsteuerbefreites Kreditgeschäft handelt. Der Diskont kann grundsätzlich als Entgeltminderung angesehen werden, sodass die rein rechnerisch darin enthaltene Mehrwertsteuer zurückgebucht werden kann. Diese Möglichkeit wird jedoch als kaum wirtschaftlich und wenig praktikabel angesehen. Eine solche Rückbuchung der Mehrwertsteuer aus der Diskontbelastung macht es nämlich erforderlich, den Kunden darüber zu informieren, der seinerseits dann auch seine verrechnete Vorsteuer aus diesem Warengeschäft wieder entsprechend kürzen muss.

Der übliche **Buchungssatz** wäre für den Lieferanten als Einreicher des Wechsels zum Diskont also auch hier:

– Bank und Diskontaufwendungen und Kosten des Geldverkehrs an Besitzwechsel.

11.4 Übungsaufgaben

Zu welchen Bilanzveränderungen führen Besitzwechsel und Schuldwechsel?
– Der Besitzwechsel führt zu einem ... ?
  Aktivtausch; denn wir mindern auf der Aktivseite der Bilanz die Position Forderungen aus Lieferungen und Leistungen und bilden gleichzeitig auf der Aktivseite einen Bilanzposten Besitzwechsel.
– Und der Schuldwechsel führt zu einem ... ?
  Passivtausch; denn auf der Passivseite der Bilanz wird aus der Position Verbindlichkeiten aus Lieferungen und Leistungen die Position Schuldwechsel.

- Die Einlösung eines Besitzwechsels führt zu welcher Bilanzveränderung?
  Ebenfalls zu einem *Aktivtausch*; denn auf der Aktivseite der Bilanz vermindert sich der Posten Besitzwechsel und der Posten Bankguthaben nimmt zu.
- Und die Einlösung eines Schuldwechsels führt zu einer ...?
  Aktiv-Passiv-Minderung; denn auf der Aktivseite nimmt der Posten Bankguthaben ab und auf der Passivseite nimmt der Posten Schuldwechsel ebenfalls ab.
- Und die Diskontierung eines Wechsels durch die Bank führt zu einem ...?
  Aktivtausch; denn das Bankguthaben nimmt zu und der Posten Besitzwechsel wird gemindert.

Nachstehend finden Sie noch die Aufgaben A–C mit der Bitte um Bildung der Buchungssätze.

Aufgabe A:

1. Wareneinkauf auf Ziel.
2. Wir akzeptieren einen Wechsel des Lieferanten.
3. Der Lieferant berechnet Diskont.
4. Wir überweisen den Diskont per Bank.
5. Bilden Sie die Abschlussbuchungen der Konten, die in 1–4 angesprochen sind, soweit sie durch diese Geschäftsvorfälle einen Saldo ausweisen.

Aufgabe B:

1. Warenverkauf auf Ziel.
2. Der Kunde akzeptiert hierfür einen Wechsel.
3. Wir lassen den Wechsel diskontieren.
4. Bilden Sie die Abschlussbuchungen der Konten, die in 1–3 angesprochen sind, soweit sie durch diese Geschäftsvorfälle einen Saldo ausweisen.

Aufgabe C:

Erläutern Sie zu Aufgabe A 1–4 und Aufgabe B 1–3 die Bilanzveränderungen.

Lösung zu Aufgabe A:

1. Wareneinkauf auf Ziel:
   Wareneinkauf und Vorsteuer an Verbindlichkeiten.
2. Wir akzeptieren einen Wechsel des Lieferanten:
   Verbindlichkeiten an Schuldwechsel.
3. Der Lieferant berechnet Diskont:
   Zinsaufwendungen an Verbindlichkeiten.
4. Wir überweisen den Diskont per Bank:
   Verbindlichkeiten an Bank.
5. Bilden Sie die Abschlussbuchungen der Konten, die in 1–4 angesprochen sind, soweit sie durch diese Geschäftsvorfälle einen Saldo ausweisen:
   Schlussbilanz an Wareneinkauf.

Schlussbilanz an Vorsteuer.
Schuldwechsel an Schlussbilanz.
Gewinn- und Verlustrechnung an Zinsaufwendungen.
Schlussbilanz an Bank (ein Bankguthaben unterstellt, sonst Bank an Schlussbilanz).

Lösung zu Aufgabe B:

1. Warenverkauf auf Ziel:
   Forderungen an Erlöse (Warenverkauf) und Mehrwertsteuer.
2. Der Kunde akzeptiert hierfür einen Wechsel:
   Besitzwechsel an Forderungen.
3. Wir lassen den Wechsel diskontieren:
   Bank und Zinsaufwendungen und Kosten des Geldverkehrs an Besitzwechsel.
4. Bilden Sie die Abschlussbuchungen der Konten, die in 1–3 angesprochen sind, soweit sie durch diese Geschäftsvorfälle einen Saldo ausweisen:
   Erlöse (Warenverkauf) an Gewinn- und Verlustrechnung.
   Mehrwertsteuer an Schlussbilanz.
   Gewinn- und Verlustrechnung an Zinsaufwendungen.
   Gewinn- und Verlustrechnung an Nebenkosten des Geldverkehrs.
   Schlussbilanz an Bank.

Lösung zu Aufgabe C:

Erläutern Sie zu den Aufgaben A 1–4 und B 1–3 die Bilanzveränderungen:
A1: *Aktiv-Passiv-Mehrung* (Warenbestand nimmt zu, Verbindlichkeiten nehmen zu).
A2: *Passivtausch* (Verbindlichkeiten nehmen ab, Schuldwechsel nimmt zu).
A3: *Passivtausch* (Eigenkapital nimmt ab durch die Zinsen, Verbindlichkeiten nehmen zu).
A4: *Aktiv-Passiv-Minderung* (Bank nimmt ab, Verbindlichkeiten nehmen ab).

B1: *Aktiv-Passiv-Mehrung* (Forderungen nehmen zu, Eigenkapital nimmt durch Erlöse zu).
B2: *Aktivtausch* (Besitzwechsel nimmt zu, Forderungen nehmen ab).
B3: *Aktivtausch* (Bank nimmt zu, Besitzwechsel nimmt ab).
Diskont und Wechselspesen wirken sich als Aktiv-Passiv-Minderung aus.

Noch typischer, als bei B 2 und B 3 kann ein Aktivtausch doch gar nicht sein. Wir tauschen zunächst den Vermögenswert „Forderungen" gegen den Vermögenswert „Besitzwechsel" und diesen dann gegen den Vermögenswert „Bank." Wie schon oben angeführt, führen Diskont und Wechselspesen zu einer Aktiv-Passiv-Minderung, da auf der Aktivseite das Bankguthaben abnimmt und auf der Passivseite die Aufwendungen über die Gewinn- und Verlustrechnung schließlich zu einer Minderung des Eigenkapitals führen.

12 Das Privatkonto

Lassen wir es am elften Tag einmal etwas langsamer angehen. Vielleicht war die letzte Stunde ein bisschen anstrengend. Immerhin hatte Vanessa nach ihrem Urlaub den ersten Arbeitstag und musste sich von mir auch noch die Frage gefallen lassen, warum sie denn arbeiten müsse, obwohl noch Berufsschulferien sind. Aber es gibt da noch einen anderen Grund, heute etwas weniger zu tun. Ich habe die Angewohnheit, Vanessa mit der Frage zu begrüßen, wie es ihr geht, ob sie Lust zur Buchführung hat und ob denn auch alle lieb zu ihr waren. Das hatte sie mir auch an diesem besagten zehnten Tag bestätigt. Ja, es waren alle lieb zu ihr. Als sie sich aber verabschiedete, lächelte sie mich an und sagte: „Sie waren es, der heute nicht lieb zu mir war." Das muss man erst mal verkraften. Da hilft es auch nichts, wenn sich Vanessa da anschließend wieder herausreden will. „Sie wissen doch, wie ich das meine" und „Ich will es doch auch, dass wir arbeiten und lernen ..." „Nee, nee, nee, nee, nee", sagte der Maulwurf zum Frosch. Nee, nee, nee, nee, nee, – dass ich derjenige sein soll, der nicht lieb war, nur weil ich Vanessa ein bisschen mit Besitzwechsel, Schuldwechsel und Diskont gequält habe, das gefällt mir nicht. Na gut, heute bin ich lieb und bereite etwas weniger vor. Aber die Zwölf ist meine Glückszahl. Warten Sie also mal ab, was ich mir beim nächsten Mal einfallen lasse.

12.1 Privatentnahme und Privateinlage

Ein häufiger Vorgang ist die Privatentnahme von Waren durch den Geschäftsinhaber. Das Privatkonto dient der separaten Erfassung von Privatentnahmen, gleichzeitig aber auch der Privateinlagen des Unternehmers. Schon daraus ergibt sich, dass es ein Privatkonto nur in Einzelunternehmen und Personengesellschaften geben kann. Nur der Inhaber eines Unternehmens oder die Gesellschafter von Personengesellschaften können privat in das Eigenkapital eingreifen. Das Privatkonto ist nämlich ein Bestandteil des Eigenkapitals. Mit einer Privateinlage oder Privatentnahme verfügt der Inhaber oder Gesellschafter über Eigenkapital des Unternehmens. Folgerichtig wird das „Privatkonto" auch über das Konto „Eigenkapital" abgeschlossen.

Grundsätzlich ist die Entnahme auf dem „Privatkonto" eine Sollbuchung und die Einlage eine Habenbuchung.
- Privatentnahme = Sollbuchung,
- Privateinlage = Habenbuchung.

Kommen wir auf das Beispiel einer Privatentnahme von Waren zurück. Nehmen wir an, Vanessa bekommt unerwarteten Besuch, der immer lieb zu ihr war, und möchte aus den Beständen ihres Weinhandels ein paar Flaschen Wein entnehmen. Das muss natürlich auch buchhalterisch erfasst werden. Vanessa verkauft sozusagen den Wein an sich selbst. Besser gesagt: Ihr Unternehmen verkauft der Inhaberin die Ware. Da Vanessa für sich selbst keinen Gewinn berechnet, verkauft sie sich den Wein zum Einstandspreis. So sieht das übrigens auch das Finanzamt und will doch tatsächlich Umsatzsteuer dafür haben, dass Vanessa sich selbst aus ihrem Ge-

schäft den Wein verkauft. Bevor wir aber zu sehr dagegen protestieren, dass Vanessa sich selbst Umsatzsteuer berechnen und diese auch an das Finanzamt abführen muss, fällt uns bei kurzem Nachdenken ein, dass wir beim Einkauf des Weins ja auch genau für diese Ware Vorsteuer in Anspruch genommen haben. Das würde ja dann dem Prinzip der Mehrwertsteuer im Sinne des „Mehrwertes" auch nicht entsprechen, uns zunächst vom Finanzamt die Vorsteuer erstatten zu lassen, um den Wein anschließend mit Menschen, die lieb zu uns sind, steuerfrei zu trinken.
Nee, nee, nee, nee, nee, Vanessa, zahlen Sie mal schön Umsatzsteuer auf den privat entnommenen Wein und überlegen Sie noch einmal in Ruhe, wer lieb zu Ihnen war und wer nicht.

Bei der Privatentnahme von Waren buchen wir somit zum Einstandspreis einen Warenverkauf.
Entsprechend lautet der Buchungssatz:
– Privat an Warenverkauf und Umsatzsteuer.

Um zu einer besseren Transparenz zu kommen, kann man anstelle des Kontos „Warenverkauf" hierfür ein Unterkonto einrichten, das man ggf. „Warenentnahme zu Einstandspreisen" nennt. An dieser Stelle möchte ich ohnehin einmal erwähnen, dass der Kontenrahmen, wie das Wort ja schon sagt, nur einen „Rahmen" darstellt. Das bedeutet also nicht, dass man sich in der Praxis mit diesen Konten begnügen muss. Der Kontenplan, der aus dem Kontenrahmen abgeleitet wird, kann durchaus nach eigenen Bedürfnissen untergliedert werden, insbesondere, wenn dies zu einer besseren Transparenz und Aussagekraft der einzelnen Konten führt.
Wenn ich vorstehend gesagt habe, dass Privatentnahmen im Soll und Privateinlagen im Haben gebucht werden, dann ist damit nicht zwingend gesagt, dass dies auf einem Konto geschehen muss. Viel üblicher und auch übersichtlicher ist es, wenn die Privatkonten unterteilt werden in „Privateinlage" und „Privatentnahme". Angenommen, wir zahlen eine Privateinlage auf das Bankkonto der Firma ein, so lautet die Buchung:
– Bank an Privateinlage.

Entnehmen wir aus der Geschäftskasse einen Betrag zu privaten Zwecken, buchen wir:
- Privatentnahme an Kasse.

Es ergibt sich der gleiche Buchungssatz, wenn wir eine Privatrechnung aus der Geschäftskasse bezahlen, auch hier ist zu buchen:
- Privatentnahme an Kasse
und bei Banküberweisung vom Geschäftskonto für eine Privatrechnung:
- Privatentnahme an Bank.

Ich erwähnte bereits, dass auch eine Warenentnahme nicht unbedingt gegen Warenverkauf, sondern auf einem separaten Konto gebucht werden kann. Eine übliche Kontenbezeichnung hierfür ist „Eigenverbrauch von Waren".
Also wäre der Buchungssatz bei Entnahme von Waren zu Privatzwecken:
- Privatentnahme an Eigenverbrauch von Waren und Umsatzsteuer.

Ein übliches Pendant zu dem Konto „Eigenverbrauch von Waren" ist das Konto „Eigenverbrauch von Leistungen". Dieses Konto wird angesprochen, wenn die Firma für den Inhaber oder Gesellschafter Leistungen in dessen Privatbereich erbringt. Werden zum Beispiel durch den Betrieb Reparaturen im Privathaus des Inhabers ausgeführt, wäre zu buchen:
- Privatentnahme an Eigenverbrauch von Leistungen und Umsatzsteuer.

Hier treten also die Konten „Eigenverbrauch von Waren" und „Eigenverbrauch von Leistungen" an die Stelle eines Erlöskontos.

Eine weitere Möglichkeit der Privatentnahme aus dem Unternehmen ist die Nutzung oder Verwendung von Gegenständen der Firma. Das ist zum Beispiel der Fall, wenn der Inhaber oder ein Gesellschafter ein Firmenfahrzeug privat nutzen. Auch für diese Überlassung von Gegenständen aus dem Betriebsvermögen bietet sich ein separates Konto an, und zwar: „Verwendung von Gegenständen", wobei mir der Zusatz „private" Verwendung oder Verwendung „durch den Inhaber" präziser erscheinen würde.
Der Buchungssatz wäre in diesem Fall:
- Privatentnahme an Verwendung von Gegenständen und Umsatzsteuer.

Auch auf die Gefahr hin, dass ich wieder derjenige sein könnte, der nicht lieb zu Vanessa war, muss ich noch eine Möglichkeit der Privatentnahme erwähnen, und zwar den Verkauf eines Anlagegutes an den Inhaber. Um bei der Logik der vorstehenden Kontenunterteilungen zu bleiben, richtet man hierfür das Konto „Eigenverbrauch von Gegenständen" ein. Die Bemessungsgrundlage für die Umsatzsteuer erfolgt hierbei zum Tageswert, auch Zeitwert genannt. Beträgt zum Beispiel der Buchwert eines Firmenwagens, den der Inhaber zu Privatzwecken kauft, 1000 Euro und der Tageswert liegt bei 2000 Euro, dann wäre die Privatentnahme 2000 + Mehrwertsteuer (zzt. 19 %) 380 = 2380 Euro.

Hier würde die Buchung also lauten:
- Privatentnahme 2380 Euro an Eigenverbrauch von Gegenständen 2000 Euro und USt 380 Euro.

Zusätzlich ist der Restbuchwert des Anlagegutes aufzulösen:
- Aufwendungen aus Anlageabgängen an Fuhrpark 1000 Euro.
(Per Saldo ergibt sich in diesem Beispiel ein Buchgewinn von 1000 Euro).

Auch hier noch einmal der Hinweis, dass die Buchungen „an Umsatzsteuer" gleichzusetzen sind mit „an Mehrwertsteuer".

12.2 Übungsaufgaben

Ein paar Geschäftsvorfälle zum Themenkreis Privatkonto. Sie haben folgende Konten zur Verfügung:
- Einrichtung und Ausstattung,
- Bank,
- Kasse,
- Privatentnahme,
- Privateinlage,
- Umsatzsteuer,
- Eigenverbrauch von Waren,
- Eigenverbrauch von Leistungen,
- Verwendung von Gegenständen,
- Eigenverbrauch von Gegenständen,
- Aufwendungen aus Anlageabgängen.

Aufgabe

Bilden Sie bitte die Buchungssätze für folgende Geschäftsvorfälle:
1. Der Inhaber zahlt auf das Kapital weitere 5000 Euro durch Banküberweisung ein.
2. Der Inhaber zahlt seine private Lebensversicherung in Höhe von 200 Euro aus der Geschäftskasse.
3. Der Inhaber entnimmt aus dem Lager Waren zum Einstandspreis von 100 Euro.
4. Der Inhaber kauft aus der Firma die alte EDV-Anlage. Buchwert: 400 Euro, Zeitwert 500 Euro.
5. Der Inhaber entnimmt für seinen Friseur 30 Euro aus der Geschäftskasse.
6. Mitarbeiter der Firma reparieren im Auftrag des Inhabers in dessen Einfamilienhaus die Heizung. Die Reparatur ist mit netto 300 Euro zu bewerten.
7. Der Inhaber bezahlt das Porto für seine private Post aus der Kasse für 50 Euro.
8. Der Inhaber nutzt ein Firmenfahrzeug für die Urlaubsfahrt mit seiner Familie. Der Wert der Nutzung beträgt netto 600 Euro.

Nachdem Sie die Buchungssätze für diese acht Geschäftsvorfälle gebildet haben, bilden Sie bitte auch noch zu allen hier aufgeführten und bebuchten Konten die Buchungssätze der Abschlussbuchungen. Bei Einrichtung und Ausstattung, Bank und Kasse sind Sollsalden unterstellt.

Lösungen

Buchungssätze:
1. Bank an Privateinlage 5000 Euro.
2. Privatentnahme an Kasse 200 Euro.
3. Privatentnahme 119 Euro an Eigenverbrauch von Waren 100 Euro und MwSt 19 Euro.
4. Privatentnahme 595 Euro an Eigenverbrauch von Gegenständen 500 Euro und MwSt 95 Euro.
   Aufwendungen aus Anlageabgängen an Einrichtung und Ausstattung 400 Euro.
5. Privatentnahme an Kasse 30 Euro.
6. Privatentnahme 357 Euro an Eigenverbrauch von Leistungen 300 Euro und MwSt 57 Euro.
7. Privatentnahme an Kasse 50 Euro.
8. Privatentnahme 714 Euro an Verwendung von Gegenständen 600 Euro und MwSt 114 Euro.

Abschlussbuchungen:
- Schlussbilanz an Einrichtung und Ausstattung.
- Schlussbilanz an Bank.
- Schlussbilanz an Kasse.
- Privateinlage an Eigenkapital.
- Eigenkapital an Privatentnahme.
- Umsatzsteuer an Schlussbilanz.
- Gewinn- und Verlustrechnung an Aufwendungen aus Anlageabgängen.
- Eigenverbrauch von Waren an Gewinn- und Verlustrechnung.
- Eigenverbrauch von Leistungen an Gewinn- und Verlustrechnung.
- Verwendung von Gegenständen an Gewinn- und Verlustrechnung.
- Eigenverbrauch von Gegenständen an Gewinn- und Verlustrechnung.

Ich hoffe, dass Sie richtig erkannt haben, dass die Konten „Eigenverbrauch" und „Verwendung von Gegenständen" in die Gewinn- und Verlustrechnung abschließen. Wir hatten ja festgestellt, dass es sich hierbei um Erlöskonten handelt, so wie wir in der vereinfachten Buchung zum Beispiel den Eigenverbrauch von Waren über Warenverkauf gebucht haben.

Abschließend wäre dann noch die Gewinn- und Verlustrechnung über Eigenkapital abzuschließen; im Falle eines Gewinnes:
- Gewinn- und Verlustrechnung an Eigenkapital
und im Falle eines Verlustes:
- Eigenkapital an Gewinn- und Verlustrechnung

und dann die Buchung
- Eigenkapital an Schlussbilanz
vorzunehmen.

So, Vanessa, das war doch schon ganz schön lieb heute, oder? Und jetzt noch eine gute Nachricht zum Schluss: Es kann sein, dass Sie viel mehr gelernt haben, als Sie jemals brauchen. In der einen oder anderen Aufgabe und zum Beispiel auch in dem kleinen Weinhandel von Vanessa kommen Sie sicherlich mit einem einzigen Privatkonto aus und buchen lediglich eine Warenentnahme mit dem Buchungssatz: Privat an Warenverkauf und Umsatzsteuer. Wenn Sie jetzt also wirklich etwas zu viel gelernt haben sollten, was Sie zumindest in näherer Zeit nicht anwenden, dann denken Sie an den Ausspruch: „Wissen ist Macht." In unserem Fall will ich es für Sie etwas bescheidener ausdrücken und sage nicht: „Wissen ist Macht," sondern: „Wissen macht ja nichts . . ."

13 Abschlussbuchungen

Vanessa und ich haben heute unser zwölftes Treffen. Ich erwähnte etwas von der Zwölf als meine Glückszahl. Hier und heute möchte ich einmal kein besonderes Thema behandeln. Ich möchte heute mit Ihnen eine Übung machen, mit der Sie Ihre Abschlusssicherheit überprüfen sollen.

13.1 Übungsaufgaben

Aufgabe A

Sagen Sie bitte jeweils zu folgenden Konten, ob sie in die Schlussbilanz oder in die Gewinn- und Verlustrechnung abzuschließen sind. Denken Sie bitte vorher einen Moment nach, und antworten Sie nicht zu spontan; denn hierbei sollten Sie keinen einzigen Fehler machen und alles richtig beantworten.

Und hier sind die Konten zu A:
- Waren
- Kasse
- Umsatzsteuer
- Stromkosten
- Sonstige Forderungen
- Löhne
- Mieterträge
- Vorsteuer
- Vorschüsse an Mitarbeiter
- Erhaltene Anzahlungen
- Zinserträge
- Reisekosten
- Besitzwechsel
- Portokosten
- Darlehen
- Fuhrpark
- Umsatzerlöse
- Mietaufwendungen
- Bank
- Eigenverbrauch von Waren
- Eigenverbrauch von Leistungen
- Noch abzuführende Abgaben
- Sonstige Verbindlichkeiten
- Wechseldiskont
- Geleistete Anzahlungen
- Pauschalwertberichtigung zu Forderungen
- Verwendung von Gegenständen durch den Inhaber
- Abschreibung von Verbindlichkeiten
- Betriebsgebäude

- Telefonkosten
- Aufwendungen aus Anlageabgängen
- Einzelwertberichtigung auf Forderungen
- Eigenverbrauch von Gegenständen durch den Inhaber
- Werbekosten
- Schuldwechsel
- Eigenkapital
- Uneinbringliche Forderungen
- Abschreibung auf Anlagen
- Grundstücke
- Restlöhne an Mitarbeiter
- Materialaufwand
- Kosten des Geldverkehrs
- Forderungen aus Lieferungen und Leistungen
- Maschinen
- Soziale Aufwendungen
- Wertberichtigung auf Anlagen
- Verbindlichkeiten aus Lieferungen und Leistungen
- Zinsaufwendungen
- Geschäftsausstattung
- Zweifelhafte Forderungen
- Gehälter.

Aufgabe B

Konnten Sie alle Konten fehlerfrei zuordnen? Wir machen jetzt bitte das Gleiche noch einmal. Ich habe die Konten etwas anders sortiert, und Sie sagen bitte jetzt zusätzlich, ob die Konten in der Schlussbilanz bzw. in der Gewinn- und Verlustrechnung im Soll/Aktiva oder im Haben/Passiva stehen. Also zu jedem der Konten bitte eine der vier Antworten „Schlussbilanz Aktiva", Schlussbilanz Passiva", „Gewinn- und Verlustrechnung Soll" oder „Gewinn- und Verlustrechnung Haben".

Und hier sind wieder die Konten zu B:
- Kasse
- Umsatzsteuer
- Stromkosten
- Reisekosten
- Zweifelhafte Forderungen
- Sonstige Forderungen
- Löhne
- Besitzwechsel
- Mieterträge
- Vorschüsse an Mitarbeiter
- Waren
- Erhaltene Anzahlungen
- Zinserträge

- Vorsteuer
- Portokosten
- Darlehen
- Wechseldiskont
- Fuhrpark
- Umsatzerlöse
- Gehälter
- Eigenkapital
- Mietaufwendungen
- Bank
- Eigenverbrauch von Waren
- Eigenverbrauch von Leistungen
- Noch abzuführende Abgaben
- Geleistete Anzahlungen
- Pauschalwertberichtigung zu Forderungen
- Verwendung von Gegenständen durch den Inhaber
- Abschreibung von Verbindlichkeiten
- Sonstige Verbindlichkeiten
- Betriebsgebäude
- Telefonkosten
- Aufwendungen aus Anlageabgängen
- Einzelwertberichtigung auf Forderungen
- Eigenverbrauch von Gegenständen durch den Inhaber
- Geschäftsausstattung
- Werbekosten
- Schuldwechsel
- Zinsaufwendungen
- Uneinbringliche Forderungen
- Abschreibung auf Anlagen
- Grundstücke
- Restlöhne an Mitarbeiter
- Materialaufwand
- Kosten des Geldverkehrs
- Forderungen aus Lieferungen und Leistungen
- Maschinen
- Soziale Aufwendungen
- Wertberichtigung auf Anlagen
- Verbindlichkeiten aus Lieferungen und Leistungen.

Aufgabe C

Ich möchte gerne, dass wir das noch einmal dadurch vertiefen, dass Sie ein Bilanzschema und eine Gewinn- und Verlustrechnung mit diesen Konten erstellen. Zu diesem Zweck habe ich die Konten noch einmal ein kleines bisschen umsortiert. Es ist nicht schlimm, wenn Sie die Gliederung nicht ganz nach aktienrechtlichen

Grundsätzen hinkriegen, versuchen Sie aber bitte, in der Bilanz die Posten nach den wesentlichen Gliederungskriterien zu ordnen.

Hier die Konten zu C:
- Fuhrpark
- Umsatzsteuer
- Stromkosten
- Sonstige Forderungen
- Löhne
- Mieterträge
- Vorsteuer
- Wechseldiskont
- Vorschüsse an Mitarbeiter
- Erhaltene Anzahlungen
- Zinserträge
- Besitzwechsel
- Waren
- Portokosten
- Darlehen
- Umsatzerlöse
- Mietaufwendungen
- Bank
- Eigenverbrauch von Waren
- Eigenkapital
- Reisekosten
- Eigenverbrauch von Leistungen
- Noch abzuführende Abgaben
- Sonstige Verbindlichkeiten
- Telefonkosten
- Geleistete Anzahlungen
- Pauschalwertberichtigung zu Forderungen
- Verwendung von Gegenständen durch den Inhaber
- Kasse
- Abschreibung von Verbindlichkeiten
- Betriebsgebäude
- Aufwendungen aus Anlageabgängen
- Einzelwertberichtigung auf Forderungen
- Eigenverbrauch von Gegenständen durch den Inhaber
- Werbekosten
- Schuldwechsel
- Zinsaufwendungen
- Uneinbringliche Forderungen
- Abschreibung auf Anlagen
- Grundstücke
- Restlöhne an Mitarbeiter
- Materialaufwand

- Kosten des Geldverkehrs
- Forderungen aus Lieferungen und Leistungen
- Maschinen
- Soziale Aufwendungen
- Wertberichtigung auf Anlagen
- Verbindlichkeiten aus Lieferungen und Leistungen
- Geschäftsausstattung
- Zweifelhafte Forderungen
- Gehälter.

13.2 Lösungen

Lösungen zu Aufgabe A

- Waren = *Schlussbilanz*
- Kasse = *Schlussbilanz*
- Umsatzsteuer = *Schlussbilanz*
- Stromkosten = *Gewinn- und Verlustrechnung*
- Sonstige Forderungen = *Schlussbilanz*
- Löhne = *Gewinn- und Verlustrechnung*
- Mieterträge = *Gewinn- und Verlustrechnung*
- Vorsteuer = *Schlussbilanz*
- Vorschüsse an Mitarbeiter = *Schlussbilanz*
- Erhaltene Anzahlungen = *Schlussbilanz*
- Zinserträge = *Gewinn- und Verlustrechnung*
- Reisekosten = *Gewinn- und Verlustrechnung*
- Besitzwechsel = *Schlussbilanz*
- Portokosten = *Gewinn- und Verlustrechnung*
- Darlehen = *Schlussbilanz*
- Fuhrpark = *Schlussbilanz*
- Umsatzerlöse = *Gewinn- und Verlustrechnung*
- Mietaufwendungen = *Gewinn- und Verlustrechnung*
- Bank = *Schlussbilanz*
- Eigenverbrauch von Waren = *Gewinn- und Verlustrechnung*
- Eigenverbrauch von Leistungen = *Gewinn- und Verlustrechnung*
- Noch abzuführende Abgaben = *Schlussbilanz*
- Sonstige Verbindlichkeiten = *Schlussbilanz*
- Wechseldiskont = *Gewinn- und Verlustrechnung*
- Geleistete Anzahlungen = *Schlussbilanz*
- Pauschalwertberichtigung zu Forderungen = *Schlussbilanz*
- Verwendung von Gegenständen durch den Inhaber = *Gewinn- und Verlustrechnung*
- Abschreibung von Verbindlichkeiten – *So etwas gibt es nicht!!!*
- Betriebsgebäude = *Schlussbilanz*
- Telefonkosten = *Gewinn- und Verlustrechnung*

- Aufwendungen aus Anlageabgängen = *Gewinn- und Verlustrechnung*
- Einzelwertberichtigung auf Forderungen = *Schlussbilanz*
- Eigenverbrauch von Gegenständen durch den Inhaber = *Gewinn- und Verlustrechnung*
- Werbekosten = *Gewinn- und Verlustrechnung*
- Schuldwechsel = *Schlussbilanz*
- Eigenkapital = *Schlussbilanz*
- Uneinbringliche Forderungen – *Die sind abgeschrieben, die kann man nicht bilanzieren!!!*
- Abschreibung auf Anlagen = *Gewinn- und Verlustrechnung*
- Grundstücke = *Schlussbilanz*
- Restlöhne an Mitarbeiter = *Schlussbilanz*
- Materialaufwand = *Gewinn- und Verlustrechnung*
- Kosten des Geldverkehrs = *Gewinn- und Verlustrechnung*
- Forderungen aus Lieferungen und Leistungen = *Schlussbilanz*
- Maschinen = *Schlussbilanz*
- Soziale Aufwendungen = *Gewinn- und Verlustrechnung*
- Wertberichtigung auf Anlagen = *Schlussbilanz*
- Verbindlichkeiten aus Lieferungen und Leistungen = *Schlussbilanz*
- Zinsaufwendungen = *Gewinn- und Verlustrechnung*
- Geschäftsausstattung = *Schlussbilanz*
- Zweifelhafte Forderungen = *Schlussbilanz*
- Gehälter = *Gewinn- und Verlustrechnung.*

Lösungen zu Aufgabe B

- Kasse = *Bilanz Aktiva*
- Umsatzsteuer = *Bilanz Passiva*
- Stromkosten = *GuV Soll*
- Reisekosten = *GuV Soll*
- Zweifelhafte Forderungen = *Bilanz Aktiva*
- Sonstige Forderungen = *Bilanz Aktiva*
- Löhne = *GuV Soll*
- Besitzwechsel = *Bilanz Aktiva*
- Mieterträge = *GuV Haben*
- Vorschüsse an Mitarbeiter = *Bilanz Aktiva*
- Waren = *Bilanz Aktiva*
- Erhaltene Anzahlungen = *Bilanz Passiva*
- Zinserträge = *GuV Haben*
- Vorsteuer = *Bilanz Aktiva*
- Portokosten = *GuV Soll*
- Darlehen = *Bilanz Passiva*
- Wechseldiskont = *GuV Soll*
- Fuhrpark = *Bilanz Aktiva*
- Umsatzerlöse = *GuV Haben*
- Gehälter = *GuV Soll*

- Eigenkapital = *Bilanz* Passiva
- Mietaufwendungen = GuV *Soll*
- Bank = *Bilanz Aktiva*
- Eigenverbrauch von Waren = *GuV Haben*
- Eigenverbrauch von Leistungen = *GuV Haben*
- Noch abzuführende Abgaben = *Bilanz Passiva*
- Geleistete Anzahlungen = *Bilanz Aktiva*
- Pauschalwertberichtigung zu Forderungen = *Bilanz Passiva*
- Verwendung von Gegenständen durch den Inhaber = *GuV Haben*
- Abschreibung von Verbindlichkeiten = *Das wäre schön, gibt es aber leider nicht!*
- Sonstige Verbindlichkeiten = *Bilanz Passiva*
- Betriebsgebäude = *Bilanz Aktiva*
- Telefonkosten = *GuV Soll*
- Aufwendungen aus Anlageabgängen = *GuV Soll*
- Einzelwertberichtigung auf Forderungen = *Bilanz Passiva*
- Eigenverbrauch von Gegenständen durch den Inhaber = *GuV Haben*
- Geschäftsausstattung = *Bilanz Aktiva*
- Werbekosten = *GuV Soll*
- Schuldwechsel = *Bilanz Passiva*
- Zinsaufwendungen = *GuV Soll*
- Uneinbringliche Forderungen = *So ein Konto gibt es nicht!*
- Abschreibung auf Anlagen = *GuV Soll*
- Grundstücke = *Bilanz Aktiva*
- Restlöhne an Mitarbeiter = *Bilanz Passiva*
- Materialaufwand = *GuV Soll*
- Kosten des Geldverkehrs = *GuV Soll*
- Forderungen aus Lieferungen und Leistungen = *Bilanz Aktiva*
- Maschinen = *Bilanz Aktiva*
- Soziale Aufwendungen = *GuV Soll*
- Wertberichtigung auf Anlagen = *Bilanz Passiva*
- Verbindlichkeiten aus Lieferungen und Leistungen = *Bilanz Passiva.*

Lösungen zu Aufgabe C

Zunächst die **Schlussbilanz**. Zu den **Aktiva** gehören das Anlagevermögen und das Umlagevermögen.

Anlagevermögen:
- Betriebsgebäude
- Grundstücke
- Maschinen
- Fuhrpark
- Geschäftsausstattung.

Lösungen

Umlaufvermögen:
- Waren
- Geleistete Anzahlungen
- Forderungen aus Lieferungen und Leistungen
- Zweifelhafte Forderungen
- Besitzwechsel
- Kasse
- Bank
- Vorsteuer
- Vorschüsse an Mitarbeiter
- Sonstige Forderungen.

Zu den **Passiva** der Schlussbilanz gehören:
- Eigenkapital
- Wertberichtigung auf Anlagen
- Einzelwertberichtigung auf Forderungen
- Pauschalwertberichtigung zu Forderungen
- Darlehen
- Erhaltene Anzahlungen
- Verbindlichkeiten aus Lieferungen und Leistungen
- Schuldwechsel
- Umsatzsteuer
- Noch abzuführende Abgaben
- Restlöhne an Mitarbeiter
- Sonstige Verbindlichkeiten.

Und nun zur **Gewinn- und Verlustrechnung**.

Soll/Aufwendungen:
- Materialaufwand
- Löhne
- Gehälter
- Soziale Aufwendungen
- Mietaufwendungen
- Kosten des Geldverkehrs
- Werbekosten
- Reisekosten
- Stromkosten
- Portokosten
- Telefonkosten
- Wechseldiskont
- Zinsaufwendungen
- Aufwendungen aus Anlageabgängen
- Abschreibung auf Anlagen.

Haben/Erträge:
- Umsatzerlöse
- Eigenverbrauch von Waren
- Eigenverbrauch von Leistungen
- Verwendung von Gegenständen
- Eigenverbrauch von Gegenständen
- Zinserträge
- Mieterträge.

Wenn Sie das alles richtig zugeordnet haben, dann können wir im Moment stolz sein auf Ihre Abschlusssicherheit. Es ist auch völlig richtig, wenn Sie „Uneinbringliche Forderungen" und „Abschreibung von Verbindlichkeiten" übrig und nirgendwo zugeordnet haben. Einen Posten „Uneinbringliche Forderungen" kann es in Bilanz und GuV nicht geben, allenfalls „Abschreibung uneinbringlicher Forderungen". Denn wenn eine Forderung uneinbringlich wird, müssen wir sie ja abschreiben. Und der zweite kleine Scherz, „Abschreibung von Verbindlichkeiten", wäre sicherlich manchmal ein Wunschtraum. Das wäre natürlich praktisch, wenn wir Verbindlichkeiten, anstatt sie zu bezahlen, abschreiben könnten. Aber stellen Sie sich einmal vor, Ihr Kunde würde das so machen. Er kauft zuerst Ware bei Ihnen, und wenn Sie ihm eine Rechnung geschickt haben, schreibt er die Verbindlichkeit an Sie einfach ab. Diese beiden grotesken Angaben sind hier also nur als Spaß gedacht. Obwohl man durchaus auch auf so etwas hereinfallen kann und voreilig ohne lange nachzudenken entscheidet, dass Forderungen in die Bilanz und Abschreibungen in die GuV gehören, also muss es doch hier auch so sein. Ich hoffe, Ihnen passiert das nicht!

14 Posten der Rechnungsabgrenzung

Als ich davon sprach, dass die Zwölf meine Glückszahl ist, hatte ich es gar nicht so wörtlich genommen, wie sich unsere zwölfte Nachhilfestunde für mich gestaltete. Vanessa brachte nämlich ihre Mutter mit, und sie trugen einen Kasten alkoholfreies Bier ins Haus. Dazu bekam ich auch noch ein „Schachspiel" aus Schokolade, je 16 weiße und schwarze Schachfiguren als Naschwerk. Einfach super! Das war eine tolle Überraschung für meinen vermeintlichen Glückstag und sollte eine liebevolle Belohnung für meine Mühe und Arbeit sein. Ich muss das relativieren, es macht Spaß, mit Vanessa zu arbeiten und zu üben. Die Mutter von Vanessa sagte bei der Begrüßung: „Ich will doch den Menschen mal seh'n, von dem Vanessa so schwärmt." – Ah, was tut das gut!!! Da plagt sich die junge Dame wochenlang in ihrer Freizeit bei mir mit Buchführung herum, und dann kommt auch noch so ein großes Kompliment. Ich habe mir das jetzt hier nicht ausgedacht, Mama hat es wirklich gesagt: „Der Mensch, von dem Vanessa so schwärmt". So schön kann Buchführung sein!

Aber wir haben heute nicht den zwölften Abend, sondern den 13. Abend, und darauf bereite ich mich mit dem Thema „Die Posten der Rechnungsabgrenzung" vor. „Abgrenzungsposten der Jahresrechnung" werden sie auch genannt.
Was ist das? Wozu brauchen wir Posten der Rechnungsabgrenzung? Der zweite Begriff „Abgrenzungsposten der Jahresrechnung" kommt der Erklärung schon sehr nahe. Es geht um die Jahresrechnung, es geht um die Abgrenzung zwischen zwei Rechnungsperioden, also zweier Geschäftsjahre. Hier sind die Grundsätze ordnungsmäßiger Buchführung tangiert; denn Aufwand und Ertrag sind in dem Zeitraum zu erfassen, in dem sie angefallen sind bzw. dem sie zuzuordnen sind. Damit kommen wir der Erklärung des Begriffes und der Aufgabe der Abgrenzungsposten schon auf die Spur. Wir befassen uns also mit Aufwendungen und Erträgen, die nach ihrer Entstehung der richtigen Abrechnungsperiode zuzuordnen und ggf. zwischen zwei Perioden abzugrenzen sind. **Abgrenzungsposten der Jahresrechnung sind Berichtigungsposten zur Erfolgsrechnung!**

Zu dieser Notwendigkeit der Abgrenzung kommt es dadurch, dass am Ende eines Geschäftsjahres Zahlungen für Aufwendungen oder Erträge anfallen können, die zum Teil das folgende Geschäftsjahr betreffen. Wenn also Einnahmen oder Ausgaben im alten Geschäftsjahr für Aufwendungen und Erträge anfallen, die ganz oder zum Teil das folgende Geschäftsjahr betreffen, dann sind dafür Posten der Rechnungsabgrenzung zu bilden. Merken Sie sich dazu:
Zahlung im alten Jahr für Aufwendungen oder Erträge, die das Folgejahr betreffen. Das ist die Voraussetzung für eine Rechnungsabgrenzung!
Sie kennen sicher das Wort „Transitverkehr" im Sinne grenzüberschreitender Durchreise. Man nennt diese Rechnungsabgrenzung auch **„Transitorische Posten"**, sie gehen ins nächste Jahr über. Ausgaben oder Einnahmen, die vor dem Abschlusszeitpunkt angefallen, aber nach dem Abschlusszeitpunkt zuzurechnen sind, erfordern die Bildung von Aktiven oder Passiven Rechnungsabgrenzungsposten, damit der Jahreserfolg periodengerecht ermittelt werden kann.

14.1 Transitorische Aktiva

Die „transitorische Aktiva", also die Aktive Rechnungsabgrenzung, wird gebildet für **Aufwendungen**, die bereits im alten Geschäftsjahr bezahlt worden sind, die aber das neue Geschäftsjahr betreffen. Ein typisches und verständliches Beispiel hierfür ist eine Mietvorauszahlung. Wenn Vanessa die Miete für ihren Weinladen für den Monat Januar des nächsten Jahres schon im alten Jahr bezahlt hat, dann gehört diese Januar-Miete ja trotzdem kostenmäßig nicht in das alte, sondern in das neue Jahr. Vanessa hat aber bereits im Dezember gebucht „Mietaufwand an Bank". Um nun diesen Mietaufwand periodengerecht dem nächsten Jahr zuzuordnen, wird im alten Jahr ein Aktiver Rechnungsabgrenzungsposten gebildet, der den Mietaufwand im alten Jahr wieder korrigiert. Vanessa bucht also „Aktive Rechnungsabgrenzung an Mietaufwand". Damit hat sie aus dem Aufwandsposten einen Vermögenswert im alten Jahr gemacht, den sie dementsprechend auch auf der Aktivseite der Bilanz ausweist. Im neuen Jahr werden die Rechnungsabgrenzungsposten wieder aufgelöst. Um bei diesem Beispiel zu bleiben: Vanessa bucht im neuen Geschäftsjahr „Mietaufwand an Aktive Rechnungsabgrenzung" und hat somit die erfolgswirksame Miete vom alten Jahr in das neue Jahr „rübergebracht" – transitorisch gebucht. Hätte Vanessa im November die Miete für ein Vierteljahr und somit für die Monate November, Dezember und Januar bezahlt, würde das an der Logik der Aktiven Rechnungsabgrenzung nichts ändern. Vanessa würde dann über den Mietanteil für Januar eine Aktive Rechnungsabgrenzung buchen, da die Miete für November und Dezember ja ins alte Geschäftsjahr gehört. Sie würde also auch in diesem Fall den Aufwand, der das neue Jahr betrifft, aber schon im alten Jahr bezahlt worden ist, transitorisch abgrenzen. Man sagt zu Recht, dass die transitorische Aktiva dem Wesen nach eine Forderung darstellt, da die hier zugrunde liegenden Posten bezahlt, aber noch nicht geleistet sind. Vanessa hat also für den Monat Januar bereits einen bezahlten Anspruch auf die Mietnutzung. Vielleicht etwas abstrakt, aber „dem Wesen nach" kann man sich dieser Auffassung anschließen. Es kann auch als Eselsbrücke dafür dienen, dass die Aktive Rechnungsabgrenzung auf der Aktivseite der Bilanz auszuweisen ist. So sehr ich bei allen Buchungssätzen für die Reihenfolge „Soll an Haben" bin, bei der Rechnungsabgrenzung kann man sich nicht vertun, wenn man vom Aufwandskonto oder Ertragskonto ausgeht.

Wenn der Aufwand für das neue Jahr schon im alten Jahr gebucht worden ist, wie in diesem Fall die Miete für Januar, und wenn wir wissen, dass der Mietaufwand auf dem Aufwandskonto im Soll steht, dann können wir den Anteil ja nur durch eine Habenbuchung auf dem Aufwandskonto zurückbuchen. Und wo bleibt die Gegenbuchung? Sie kann also nur transitorisch **aktiv** gebucht werden, sonst hätten wir keine Sollbuchung! Wenn wir also einen Aufwand für das neue Jahr abgrenzen wollen, kann die Buchung nur „Aktive Rechnungsabgrenzung an Aufwandskonto" lauten.

14.2 Transitorische Passiva

Die „transitorische Passiva", also die Passive Rechnungsabgrenzung, wird gebildet für **Erträge,** die bereits im alten Geschäftsjahr vereinnahmt worden sind, aber das neue Geschäftsjahr betreffen. Auch hierfür ein Beispiel. Vanessa, deren Weinladen inzwischen so richtig gut läuft, hat einem Geschäftsfreund ein Darlehen gewährt. Bereits Anfang November überweist besagter Geschäftsfreund ihr eine vierteljährliche Vorauszahlung der vereinbarten Darlehenszinsen. In den gebuchten Zinserträgen des alten Geschäftsjahres ist also zum Jahresschluss der Anteil für den Monat Januar des nächsten Jahres enthalten. Erträge stehen auf den Erfolgskonten bekanntlich im Haben, also muss Vanessa auf dem Konto „Zinserträge" eine Sollbuchung vornehmen, um die Zinsen für den Monat Januar zu korrigieren. So einfach ist das. Die Buchung lautet: „Zinserträge an Passive Rechnungsabgrenzung" in Höhe der Zinsen für den Monat Januar des Folgejahres. Im nächsten Jahr wird auch hier die Rechnungsabgrenzung wieder aufgelöst, es ist zu buchen „Passive Rechnungsabgrenzung an Zinserträge", und damit hat Vanessa die Zinsen periodengerecht zugeordnet und verbucht. Im Gegensatz zur Aktiven Rechnungsabgrenzung wird die Passive Rechnungsabgrenzung natürlich auf der Passivseite der Bilanz ausgewiesen.

Man könnte auch hier wieder sagen, dass es sich nun dem Wesen nach um eine Verbindlichkeit handelt, da Vanessa bereits Zinsen vereinnahmt hat, für die sie das Darlehen noch gewähren muss. Wenn man so will, schuldet Vanessa dem Darlehensnehmer für den Monat Januar die nunmehr zinsfreie, da bereits bezahlte Überlassung des Darlehens.

Wir haben festgestellt, dass es sich um transitorische Posten handelt, wenn der Geldfluss für Aufwendungen und Erträge des Folgejahres schon in diesem Jahr erfolgt ist. Es gibt auch den umgekehrten Fall, dass Aufwendungen und Erträge des alten Jahres erst im Folgejahr zu Ausgaben und Einnahmen führen, also den Erfolg des alten Jahres betreffend, Geldfluss aber erst im neuen Jahr. In der Tat, als Pendant zu den transitorischen Posten gibt es auch die sogenannten antizipativen Posten. Also nicht hinübergehend, sondern vorwegnehmend. Dass früher auch die Bildung antizipativer Aktiva und antizipativer Passiva zulässig war, kann für uns heute nur noch von historischer Bedeutung sein. Aktuell gilt:
- Rechungsabgrenzungsposten sind transitorische Posten.
- Antizipative Posten sind nicht als Rechnungsabgrenzungsposten auszuweisen.

Antizipative Posten dienen sehr wohl auch der Periodenabgrenzung, sie sind jedoch als Sonstige Forderungen und Sonstige Verbindlichkeiten auszuweisen. Deshalb widme ich den Sonstigen Forderungen und Sonstigen Verbindlichkeiten direkt im Anschluss ein eigenes Kapitel, in dem ich insbesondere auf die antizipativen Posten der Periodenabgrenzung eingehe.

15 Sonstige Forderungen und Sonstige Verbindlichkeiten

15.1 Sonstige Forderungen

Sonstige Forderungen sind Vermögenswerte und als solche in der Bilanz auf der Aktivseite auszuweisen. Wenn wir von der Unterscheidung der transitorischen von den antizipativen Posten ausgehen, dann ist das wichtigste Merkmal der Sonstigen Forderungen, dass der Geldfluss erst im nächsten Jahr erfolgt. Für diese Erkenntnis brauchen wir nicht erst die Rechnungsabgrenzung zu bemühen, sondern es gehört ja zum Tatbestand einer Forderung, dass sie noch nicht bezahlt ist. Der Begriff „Sonstige Forderungen" ist demnach auch nicht auf die Antizipative Periodenabgrenzung zum Jahresabschluss im engeren Sinne beschränkt. Eine Sonstige Forderung kann auch im Laufe des Jahres entstanden, fakturiert und gebucht worden sein und zum Jahresabschluss immer noch Bestand haben und als solche bilanziert werden. So gesehen ist jede bilanzierte Forderung antizipativ, da sie zum Jahresabschluss noch nicht bezahlt worden ist. Ich hoffe, Sie mit dieser Aussage nicht zu verwirren.

Als Beispiel für eine Sonstige Forderung als antizipative Periodenabgrenzung nehmen wir auch hier einmal das Darlehen, das Vanessa einem Geschäftsfreund gewährt hat. Bei der transitorischen Passiven Rechnungsabgrenzung war es so, dass der Darlehensnehmer die Zinsen zum Teil schon im Voraus, nämlich im alten Jahr für das neue Jahre gezahlt hatte. Nun unterstellen wir den umgekehrten Fall, nämlich, dass er erst im neuen Jahr zahlt und davon ein Teil auch noch das alte Jahr betrifft. Er zahlt beispielsweise die Zinsen für ein Vierteljahr von November bis Januar erst im Januar. Erkennen Sie den Unterschied zur transitorischen Aktiva? Es ist in diesem Fall kein Rechnungsabgrenzungsposten, sondern Vanessa hat schlicht und einfach zum Jahresabschluss eine Forderung an ihren Geschäftsfreund über die Zinsen von November bis Dezember. Erfolgsmäßig gehört der Zinsertrag eindeutig in das alte Jahr. Und folgerichtig bucht Vanessa im alten Jahr „Sonstige Forderungen an Zinserträge" und bilanziert es auch entsprechend.

15.2 Sonstige Verbindlichkeiten

Sonstige Verbindlichkeiten sind Vermögensquellen und als solche in der Bilanz auf der Passivseite auszuweisen. Auch sie unterscheiden sich von den transitorischen Posten dadurch, dass der Geldfluss erst im nächsten Jahr erfolgt. Auch das ist ein ganz selbstverständlicher Tatbestand aller Verbindlichkeiten. Und auch der Begriff „Sonstige Verbindlichkeiten" ist nicht auf die Antizipative Periodenabgrenzung zum Jahresabschluss im engeren Sinne beschränkt. Wenn ein Kunde an Vanessa für den gelieferten Wein durch einen Zahlendreher anstatt 59 Euro den Betrag von 95 Euro überweist, wird es kein Wirtschaftsprüfer beanstanden, wenn Vanessa den Differenzbetrag von 36 Euro als Sonstige Verbindlichkeit ausweist. Und wenn ich Vanessa mit Kreide die Ladentür zu ihrem Weinladen vollschmiere und sie die Rei-

nigungskosten an mich berechnet und als Sonstige Forderungen bucht, gibt es dagegen auch keinen Einwand von sachkundiger Seite.
Aber bleiben wir bei dem Schwerpunktthema der Periodenabgrenzung. Als Beispiel für eine Sonstige Verbindlichkeit als antizipative Periodenabgrenzung nehmen wir wieder die Miete, die Vanessa für ihren Weinladen bezahlen muss. Bei der transitorischen Aktiven Rechnungsabgrenzung hatte Vanessa im alten Jahr schon für das neue Jahr bezahlt. Zahlung im alten Jahr für Aufwand oder Ertrag des neuen Jahres ist ja das Merkmal für einen Posten der Rechnungsabgrenzung. Nun unterstellen wir, dass Vanessa die Miete für Dezember erst im Januar des nächsten Jahres bezahlt. Es ist eindeutig, oder? Vanessa schuldet im alten Jahr die Miete für Dezember. Der Mietaufwand gehört auch selbstverständlich ins alte Jahr. Folgerichtig bucht Vanessa für die Dezembermiete „Mietaufwand an Sonstige Verbindlichkeiten."

15.3 Buchungen im Folgejahr

Während wir bei den Posten der Rechnungsabgrenzung festgestellt haben, dass diese im neuen Jahr gegen die entsprechenden Aufwands- und Ertragskonten wieder aufzulösen sind und wir damit den Erfolg periodengerecht zugeordnet haben, ergibt sich ja bei den Sonstigen Forderungen und Sonstigen Verbindlichkeiten ein ganz anderer Tatbestand. Hier sind ja Aufwand und Ertrag bereits periodengerecht gebucht worden. Was fehlt, ist lediglich der Zahlungsausgleich bzw. der Geldfluss. Wenn also im Januar des Folgejahres der Geschäftsfreund von Vanessa die Darlehenszinsen überweist, dann bucht sie den Anteil für November und Dezember des alten Jahres „Bank an Sonstige Forderungen" und den Anteil für Januar „Bank an Zinserträge". Und wenn Vanessa im Januar die Miete Dezember für ihre Geschäftsräume überweist, bucht sie „Sonstige Verbindlichkeiten an Bank."

16 Zusammenfassung: Periodenabgrenzung

Ich möchte hier noch einmal die beiden vorstehenden Kapitel zusammenfassen. Wir unterscheiden also bei der Periodenabgrenzung die Posten der Rechnungsabgrenzung einerseits (unterteilt in Aktive Rechnungsabgrenzung und Passive Rechnungsabgrenzung) als transitorische Posten von den Sonstigen Forderungen und Sonstigen Verbindlichkeiten andererseits als antizipative Posten.

Bei den als Posten der Rechnungsabgrenzung auszuweisenden transitorischen Posten erfolgte der Geldfluss im alten Jahr für einen Aufwand und Ertrag des Folgejahres.

Bei den als Sonstige Forderungen und Sonstige Verbindlichkeiten auszuweisenden antizipativen Posten erfolgt der Geldfluss im neuen Jahr für einen Aufwand oder Ertrag des alten Jahres.

In beiden Fällen geht es um die periodengerechte Zuordnung von Aufwand und Ertrag und somit um eine periodengerechte Erfolgsermittlung.

Die Rechnungsabgrenzungsposten sind in der Bilanz auszuweisen, sie enthalten also Zahlungen im alten Jahr für Aufwendungen oder Erträge des neuen Jahres. Von uns im alten Jahr geleistete Zahlungen für Aufwendungen, die das Folgejahr betreffen, stellen Aktive Rechnungsabgrenzungsposten dar. An uns im alten Jahr geleistete Zahlungen für Erträge, die das Folgejahr betreffen, stellen Passive Rechnungsabgrenzungsposten dar.

Es dürfen nur transitorische Vorgänge als Rechnungsabgrenzungsposten bilanziert werden. Aktive und Passive Rechnungsabgrenzungsposten dürfen in der Bilanz nicht saldiert werden, sie sind gesondert auf der Aktivseite bzw. auf der Passivseite auszuweisen.

Antizipative Posten müssen als Sonstige Forderungen oder Sonstige Verbindlichkeiten ausgewiesen werden. Handelt es sich um einen Ertragsposten des alten Jahres, der erst im neuen Jahr bezahlt wird, ist dieser als Sonstige Forderung zu bilanzieren. Handelt es sich um einen Aufwandsposten des alten Jahres, der erst im neuen bezahlt wird, ist dieser als Sonstige Verbindlichkeit zu bilanzieren.

Das Ganze hier noch einmal plakativ zur Einprägung:
- Abgegrenzt wird also Aufwand und Ertrag zur periodengerechten Zuordnung!
- Betrifft es den Erfolg des Folgejahres und der Geldfluss erfolgt im alten Jahr, spricht man von transitorischen Posten und es ist als Posten der Rechnungsabgrenzung zu buchen!
- Betrifft es jedoch den Erfolg des alten Jahres und der Geldfluss erfolgt im neuen Jahr, spricht man von antizipativen Posten und es ist als Sonstige Forderungen oder Sonstige Verbindlichkeiten zu buchen!
- Die Posten der Rechnungsabgrenzung werden im neuen Jahr erfolgswirksam wieder aufgelöst!
- Die Sonstigen Forderungen und Sonstige Verbindlichkeiten gleichen sich im Folgejahr durch die Zahlungen aus!
- Diese Handhabung der Bilanzierung ist handelsrechtlich (HGB) vorgeschrieben!

In Abwandlung von „Wissen ist Macht" hatte ich ja schon in einer der letzten Stunden gesagt: „Wissen macht ja nix". Auch wenn Sie vielleicht nie damit konfrontiert werden, möchte ich der Vollständigkeit halber erwähnen, dass es neben handelsrechtlichen Vorschriften auch einige wenige Sonderfälle mit einem Wahlrecht gibt. Der § 250 HGB, der die Rechnungsabgrenzungsposten regelt, hat folgenden Wortlaut:

> **§ 250 Rechnungsabgrenzungsposten**
> (1) Als Rechnungsabgrenzungsposten sind auf der Aktivseite Ausgaben vor dem Abschlussstichtag auszuweisen, soweit sie Aufwand für eine bestimmte Zeit nach diesem Tag darstellen.
> (2) Auf der Passivseite sind als Rechnungsabgrenzungsposten Einnahmen vor dem Abschlussstichtag auszuweisen, soweit sie Ertrag für eine bestimmte Zeit nach diesem Tag darstellen.
> (3) Ist der Erfüllungsbetrag einer Verbindlichkeit höher als der Ausgabebetrag, so darf der Unterschiedsbetrag in den Rechnungsabgrenzungsposten auf der Aktivseite aufgenommen werden. Der Unterschiedsbetrag ist durch planmäßige jährliche Abschreibungen zu tilgen, die auf die gesamte Laufzeit der Verbindlichkeit verteilt werden können.

So weit der Gesetzestext. Bei Nr. (1) und Nr. (2) handelt es sich um eine zwingende Vorschrift. Da geht es um die Aktive und Passive Rechnungsabgrenzung, die wir hier in diesem Kapitel ausführlich besprechen. Bei Nr. (3) hingegen heißt es „er darf in den Rechnungsabgrenzungsposten aufgenommen werden", es ist also ein Wahlrecht. Gemeint ist mit diesem Passus das sogenannte **Disagio**. Das ist ein Abschlag bei Aufnahme einer Verbindlichkeit. Über die Differenz von diesem Aufnahmebetrag zum Rückzahlungsbetrag der Verbindlichkeit muss nicht, aber darf ein Rechnungsabgrenzungsposten gebildet werden, der durch jährliche Abschreibungen bis zum Ende der Laufzeit zu tilgen ist.
Eine weitere Sonderregelung ergibt sich aus dem Steuerrecht. Auch das Einkommensteuergesetz behandelt die Rechnungsabgrenzungsposten und nennt in § 5,5 neben den üblichen transitorischen Posten als Aktive Rechnungsabgrenzung die Abgrenzung von Zöllen und Verbrauchssteuern (das wären z. B. Tabaksteuer, Mineralölsteuer usw.), soweit sie das Vorratsvermögen betreffen und als Aufwand berücksichtigt sind und die als Aufwand am Abschlussstichtag berücksichtigte Umsatzsteuer auf auszuweisende Anzahlungen. Auch diese Sonderregelung sei hier unter dem Aspekt „Wissen macht ja nix" erwähnt. Es ist empfehlenswert, sich mit der jeweils aktuellen Gesetzgebung zu befassen, da auch die beste Literatur von einer neuen oder überarbeiteten Gesetzgebung überholt werden kann.
Kommen wir zu den plakativen Sätzen zurück, die man sich einprägen kann, um sich den Unterschied zwischen transitorischen und antizipativen Posten leicht zu merken. Diese plakativen Sätze sind die eine Seite. Ich habe mehrfach gesagt: „Buchführung muss man nicht auswendig lernen, man muss sie nur verstehen. Dann ist sie logisch und kinderleicht." Die Periodenabgrenzung ist ein gutes Beispiel dafür. Denken Sie doch einfach einmal nicht an die Unterscheidung zwischen

Posten der Rechnungsabgrenzung und transitorischer Aktive und transitorischer Passive von antizipativen Posten mit Sonstigen Forderungen und Sonstigen Verbindlichkeiten. Dieser Satz alleine kann ja schon verwirren. Denken Sie doch einfach mal nur an den Geschäftsvorfall.

Möglichkeit 1

Sie haben im alten Jahr einen Aufwandsposten schon für das nächste Jahr bezahlt und gebucht. Was ist die Konsequenz? Der Betrag gehört in das neue Jahr und der Aufwand des alten Jahres ist um diesen Betrag zu hoch. Also korrigieren wir das und buchen den zu viel gebuchten Aufwand im alten Jahr wieder zurück. Wir grenzen also ganz einfach den Aufwand zwischen den Jahren periodengerecht ab. Auf dem Aufwandskonto ist im Soll zu viel gebucht, also buchen wir „Aktive Rechnungsabgrenzungsposten" im Soll und Aufwand im Haben. Dazu müssen wir nicht über transitorische Aktiva nachdenken, das ergibt sich aus dem Geschäftsvorfall.

Möglichkeit 2

Sie haben im alten Jahr schon einen Ertrag für das neue Jahr erhalten und gebucht. Also ist der Ertrag im alten Jahr um diesen Betrag zu hoch. Wie wir wissen, stehen Erträge im Haben.
Wir korrigieren das also und buchen den im alten Jahr zu viel gebuchten Ertrag wieder zurück. Ertragskonto also im Soll an „Passive Rechnungsabgrenzung" im Haben. Auch das ist logisch, und wir brauchen auch hier nicht über transitorische Passiva nachzudenken, um den Vorgang richtig und periodengerecht zu verbuchen. Das ergibt sich automatisch daraus, dass wir auf einem Aufwands- oder Ertragskonto zu viel gebucht haben, nämlich einen Anteil, der in das nächste Jahr gehört.

Und damit sind die Posten der Rechnungsabgrenzung doch auch schon erledigt. Wenn Sie jetzt sagen: „Ja, das waren die transitorischen Posten, aber was ist mit der Unterscheidung von den antizipativen Posten?", dann machen Sie es sich unnötig schwer. Den antizipativen Posten liegt doch ein ganz anderer Sachverhalt zugrunde. Was machen Sie denn mit einer ganz normalen Eingangsrechnung, die Sie im Dezember über eine Fremdleistung erhalten? Über diese Frage muss Vanessa doch gar nicht nachdenken. Sie bucht natürlich Aufwand und Vorsteuer an Verbindlichkeiten. Jetzt kommt der Jahresabschluss, und Vanessa schließt das Konto „Verbindlichkeiten aus Lieferungen und Leistungen" in die Schlussbilanz ab und das Aufwandskonto in die Gewinn- und Verlustrechnung. Das ist selbstverständlich, stimmt's?
So, alles ist richtig und periodengerecht verbucht. Aber jetzt stellt Vanessa fest: „Ich hab' ja die Miete für Dezember noch gar nicht bezahlt." Und jetzt wird Ihnen Folgendes klar: Hätte Vanessa über die Miete eine Rechnung bekommen, wäre doch ganz selbstverständlich wie bei der vorstehend erklärten Eingangsrechnung über die Fremdleistung gebucht worden: Aufwand, nämlich in diesem Fall Mietaufwand, an Verbindlichkeiten. Aber der Vermieter schickt ja keine Rechnungen über die zu zahlende Miete. Ansonsten ist der Sachverhalt aber doch der gleiche. Da der Auf-

wand ins alte Jahr gehört und wegen des Jahresabschlusses noch gebucht werden muss, schreibt Vanessa sich selbst einen Buchungsbeleg und bucht diesen anstelle einer Rechnung „Mietaufwand" an „Sonstige Verbindlichkeiten". Ist das nicht verblüffend logisch und einfach, wenn man es so betrachtet? Damit hat Vanessa die periodengerechte Verbuchung der Dezember-Miete vorgenommen, wie es auch das Handelsrecht verlangt. Ob das ein antizipativer Vorgang ist, darüber musste Vanessa doch überhaupt nicht nachdenken. Ihr genügte die sachliche Feststellung: „Ich hab' ja die Dezember-Miete noch gar nicht gebucht." Und das tut sie dann im Zuge des Jahresabschlusses. Ist doch ganz einfach, oder?

Dann nehmen wir auch noch das letzte Beispiel. Wenn Vanessa Rechnungen an ihre Kunden verschickt, dann lautet die Buchung „Forderungen" an „Erträge und Mehrwertsteuer." So ist es bei jeder Rechnung, egal, in welchem Monat sie dem Kunden geschickt wird. Nun stellt Vanessa auch hier am Jahresschluss fest: „Ich hab' ja die Zinsen für November und Dezember für das gewährte Darlehen noch gar nicht bekommen." Anstelle einer hierfür nicht vorhandenen Ausgangsrechnung schreibt sich Vanessa also auch hierfür selbst einen Beleg, mit dem sie den Zinsertrag für November und Dezember im alten Jahr verbucht. Genau so, als würde sie eine Ausgangsrechnung buchen, also „Sonstige Forderungen" an „Zinserträge".
Wir machen also bei den antizipativen Buchungen nichts anderes, als Aufwendungen und Erträge im alten Jahr zu buchen, weil dafür keine Eingangsrechnungen oder Ausgangsrechnungen existieren und weil wir sie auch erst im nächsten Jahr bezahlen oder bezahlt bekommen. Das ist doch völlig klar: Wenn ich etwas noch nicht bezahlt habe, habe ich eine Verbindlichkeit, und wenn ich noch etwas zu kriegen habe, habe ich eine Forderung. Und die müssen wir verbuchen, das ist auch klar. Dazu brauchen wir nichts auswendig zu lernen und keine Angst vor transitorischen und antizipativen aktiven und passiven Vorgängen zu haben. Die Rechnungsabgrenzung ist nichts anderes, als die periodengerechte Verbuchung von Aufwand und Ertrag. Mit diesem einen Satz haben Sie schon alles verstanden.

Einen kleinen Raum will ich auch hier noch einmal dem neuen Jahr und dem Geldfluss widmen. Was machen Sie denn, wenn Sie im neuen Jahr eine Eingangsrechnung bezahlen? Sie buchen selbstverständlich „Verbindlichkeiten" an „Bank". Nichts anderes machen Sie mit Ihrer sonstigen Verbindlichkeit. Wenn Vanessa im neuen Jahr die Miete für Dezember überweist, bucht sie genauso einfach „Sonstige Verbindlichkeiten" an „Bank". Und wenn Ihr Kunde die Ausgangsrechnung bezahlt? Es ist so einfach, Sie buchen „Bank" an „Forderungen". Und genauso einfach buchen Sie „Bank" an „Sonstige Forderungen", wenn die Zahlung für die Darlehenszinsen November und Dezember im neuen Jahr eingeht.
Sie erinnern sich, bei den transitorischen Posten war das anders. Die müssen wir im neuen Jahr zurückbuchen, weil dabei ja die Aufwendungen und Erträge ins neue Jahr gehören und dort noch zu buchen sind. Bei den transitorischen Posten brauchten wir einen Transit, da haben wir die Aufwendungen und Erträge, die das neue Jahr betreffen, in einen Transporter gepackt und ins neue Jahr transportiert. Und wenn dieser Transporter mit dem Namen Rechnungsabgrenzungsposten im

neuen Jahr angekommen ist, dann wird er wieder ausgeladen, und so haben wir den Aufwand und Ertrag periodengerecht ins neue Jahr gebracht. Man kann es nämlich auch so ausdrücken: Die Aufwendungen und Erträge der transitorischen Posten betreffen das neue Jahr, deshalb transportieren wir sie dahin, und die der antizipativen Posten betreffen das alte Jahr.

Vanessa hatte mich gebeten, dieses Thema besonders ausführlich zu erklären. Ich hoffe, dass es mir gelungen ist, das nachvollziehbar und leicht verständlich abgehandelt zu haben. Ich weiß nicht, wie viele Vorgänge in meinem Berufsleben über meinen Schreibtisch gegangen sind, bei denen es um die Periodenabgrenzung ging. Aber ich kann mich auch nicht erinnern, dabei jemals über die Frage nach Aktiv, Passiv, transitorisch oder antizipativ nachgedacht zu haben. Vanessa wird das jetzt auch nicht mehr tun, weil es sich automatisch aus dem Geschäftsvorfall ergibt.
Wir erlauben uns heute sogar den Luxus, auf Beispiele anhand von T-Konten zu verzichten. Was sollen wir da auch noch üben, was nicht schon klar wäre?
Ich hoffe, es war für Vanessa eine schöne und lehrreiche dreizehnte Stunde und ein weiterer erfolgreicher Schritt von mir, Buchführung leicht verständlich zu machen. In diesem Sinne freue ich mich auf Sie und auf das nächste Kapitel.

17 Rückstellungen

17.1 Rückstellungen – Was ist das?

Eine kurze, knappe und zutreffende Erklärung des Begriffes „Rückstellungen" habe ich nachstehend einem Glossar entnommen. Da heißt es: Rückstellungen sind [...] nach dem Prinzip der kaufmännischen Vorsicht geschätzte Verbindlichkeiten, deren Ursache im laufenden Geschäftsjahr liegt, aber deren Höhe und Fälligkeit ungewiss sind. Rückstellungen sind Positionen des Fremdkapitals.

Wenn wir dem hinzufügen, dass es sich bei Rückstellungen um eine Abgrenzung und Passivierung zum Jahresschluss handelt, dann erinnert das doch sehr an unsere letzten Kapitel über die Periodenabgrenzung und die Posten der Rechnungsabgrenzung. Auf den ersten Blick ähnelt das den antizipativen Posten, die zum Jahresabschluss als Sonstige Verbindlichkeiten abgegrenzt und ausgewiesen werden. Aber der Bildung von Rückstellungen liegt ein anderer Tatbestand zugrunde. Während es sich bei den Sonstigen Verbindlichkeiten um Aufwendungen des laufenden Geschäftsjahres handelt, die erst im Folgejahr bezahlt werden, handelt es sich bei Rückstellungen um Aufwendungen, die zwar auch wirtschaftlich in das alte Jahr gehören, deren exakte Höhe und Fälligkeit jedoch beim Jahresabschluss noch nicht feststehen.

Noch einmal dieser wichtige Satz: **Rückstellungen werden für Aufwendungen passiviert, deren Höhe und/oder Fälligkeit noch nicht feststeht.**

Bei Rückstellungen handelt es sich also um ungewisse Schulden für Aufwendungen, die zwar dem Grunde nach feststehen, deren exakte Höhe oder Fälligkeit aber noch nicht bekannt sind.

Warum bildet man dann überhaupt eine Rückstellung? Weil die Aufwendungen, für die sie gebildet werden, bereits verursacht sind und sie somit auch dieser Periode zuzurechnen sind.

Die Pflicht zur Bildung von Rückstellungen ergibt sich also aus den Grundsätzen ordnungsmäßiger Buchführung, wonach mögliche Verluste zwingend auszuweisen sind. Es wird Sie nicht überraschen, dass es demgemäß handelsrechtliche Vorschriften zur Bildung von Rückstellungen gibt. Dazu macht § 249 des Handelsgesetzbuches die folgende Aussage:

> **§ 249 Rückstellungen**
> (1) Rückstellungen sind für ungewisse Verbindlichkeiten und für drohende Verluste aus schwebenden Geschäften zu bilden. Ferner sind Rückstellungen zu bilden für
>   1. im Geschäftsjahr unterlassene Aufwendungen für Instandhaltung, die im folgenden Geschäftsjahr innerhalb von drei Monaten, oder für Abraumbeseitigung, die im folgenden Geschäftsjahr nachgeholt werden,
>   2. Gewährleistungen, die ohne rechtliche Verpflichtung erbracht werden.
> (2) Für andere als die in Absatz 1 bezeichneten Zwecke dürfen Rückstellungen nicht gebildet werden. Rückstellungen dürfen nur aufgelöst werden, soweit der Grund hierfür entfallen ist.

„Rückstellungen sind zu bilden ...", heißt es also hier im HGB. Was so viel heißt wie: Sie müssen gebildet werden! – Diese sogenannte Passivierungspflicht gilt also nach HGB für ungewisse Verbindlichkeiten und für drohende Verluste aus schwebenden Geschäften und für Gewährleistungen, die ohne rechtliche Verpflichtung erbracht werden, ferner für im ablaufenden Geschäftsjahr unterlassene Instandhaltungen. Dabei gilt, dass diese innerhalb von 3 Monaten nach dem Bilanzstichtag nachgeholt werden müssen. Warum setzt der Gesetzgeber diese Frist für die Nachholung bzw. Ausführung der Instandhaltungsmaßnahmen? Der Grund liegt in der erforderlichen Ernsthaftigkeit des Tatbestandes, dass es sich um eine **unterlassene** Instandhaltung handelt. Man sollte in diesem Zusammenhang nicht verschweigen, dass Rückstellungen oft aus rein bilanztaktischen Gründen gebildet werden. Ich will das an einem kleinen Beispiel erläutern:

An einem Betriebsgebäude ist das Dach in einem Zustand, der eine Dachreparatur rechtfertigt. Wir haben damit einen legitimen Grund, eine Rückstellung für Instandhaltung des Daches zu bilden. Gesetzt den Fall, dass wir in diesem Geschäftsjahr den vorläufigen Jahresgewinn gerne gemindert hätten, werden wir ganz sicher von dieser Rückstellung Gebrauch machen. Es dient ja auch den Grundsätzen ordnungsmäßiger Buchführung und vorsichtiger Bilanzierung, dass wir den Aufwand, der in diesem Jahr für das Dach erforderlich wäre, auch in diesem Jahr gewinnmindernd buchen. Was unsere Bilanzierung und Passivierung der Rückstellung anbelangt, sind also in diesem Fall unsere Interessen absolut im Einklang mit den Vorschriften des Gesetzgebers zur Bildung von Rückstellungen. Und genau an der Stelle sagt der Gesetzgeber: Da Du die Instandhaltung des Daches im alten Jahr unterlassen und dafür eine Rückstellung gebildet hast, ist diese unterlassene Maßnahme innerhalb von 3 Monaten durchzuführen bzw. nachzuholen. Wer aus bilanztaktischen Gründen und aus finanzwirtschaftlichen Erwägungen den Rahmen der Möglichkeiten bei den Rückstellungen auslotet und nutzt, handelt absolut legitim.

Bei den Jahresabschlussbuchungen wie Bewertung von Aktiva und Passiva, Abschreibungen, Periodenabgrenzung und eben auch der Bildung von Rückstellungen zeigt sich die große Bedeutung einer richtigen Bilanzierung als Steuerungsinstrument im Rahmen einer gut funktionierenden Geschäftspolitik zum Wohle des Unternehmens.

Ich möchte das hier noch etwas stärker vertiefen, auch um deutlich zu machen, welche Inhalte sich hinter dem Wortlaut des HGB verbergen und was das für die Buchhaltung bedeutet. § 249 HGB beginnt mit „Rückstellungen sind für ungewisse Verbindlichkeiten [...] zu bilden". Das sagt uns zunächst nicht viel. Was sind ungewisse Verbindlichkeiten?

Dazu zählen **Gewährleistungsverpflichtungen**, es stellt ja eine ungewisse Verbindlichkeit dar, wenn wir für Gewährleistungszusagen in Anspruch genommen werden können. **Prozesskosten**, zweifellos auch Aufwendungen, deren Höhe und Fälligkeit noch nicht bekannt ist. Für **Gewerbesteuer und Körperschaftssteuer** gilt das Gleiche. Auch bei **Garantieverpflichtungen** verhält es sich ähnlich wie bei Gewährleistungsverpflichtungen. Interessant sind in dem Zusammenhang auch Rückstellungen für **nicht genommenen Urlaub und Überstunden,** auch dabei gehört ja die Gewährung und Bezahlung oder der damit gleichzusetzende Freizeitausgleich und somit auch der Aufwand dafür in das alte Jahr. Somit werden auch die nicht genommenen Urlaubstage und noch nicht verrechnete Überstunden zum Jahresabschluss bewertet, als Aufwand gebucht und dafür eine Rückstellung passiviert. Besonders in großen Firmen und auch in vielen Unternehmen, die aus dem öffentlichen Dienst hervorgegangen sind, bestehen Pensionszusagen an die Mitarbeiter. Auch diese **Pensionsverpflichtungen** stellen ungewisse Verbindlichkeiten dar, für die sogenannte Pensionsrückstellungen gebildet werden. Damit habe ich die wesentlichen ungewissen Verbindlichkeiten, für die Rückstellungen zu bilden sind, genannt, wobei diese Aufzählung nicht vollständig ist; denken Sie an Tantiemen, an die Beseitigung von Umweltschäden und Altlasten usw. Ich glaube jedoch, die in der Praxis am häufigsten anzutreffenden Rückstellungen hier erfasst zu haben. Die Rückstellung für **unterlassene Instandhaltung** ist ja auch im Wortlaut des Gesetzes explizit genannt. Hier werden auch die Begriffe Schuldrückstellung und Aufwandsrückstellung deutlich.

Bei den **Schuldrückstellungen**, wie Gewährleistungsverpflichtungen, Garantieverpflichtungen, Prozesskosten, Gewerbe- und Körperschaftsteuer, nicht genommener Urlaub und Überstunden sowie Pensionsverpflichtungen liegt überall eine Verpflichtung Dritten gegenüber im Sinne einer ungewissen Rechtsverpflichtung vor. Hingegen handelt es sich bei der **Aufwandsrückstellung,** wie der unterlassenen Instandhaltung, ja lediglich um eine Selbstverpflichtung ohne Rechtsverpflichtung nach außen.

Auch bei den Rückstellungen sei auf mögliche Änderungen der Gesetzgebung hingewiesen. So sollen handelsrechtliche Wahlrückstellungen in Zukunft nicht mehr zulässig sein. Außerdem gibt es auch hier steuerrechtliche Besonderheiten, die teilweise gegenüber dem Handelsrecht erhöhte Anforderungen an die Bildung von Rückstellungen und deren Berechnung stellen. Es sei also auch hierbei empfohlen, sich bei der Erstellung von Steuerbilanz oder Handelsbilanz der aktuellen Gesetzgebung zu vergewissern.

Auch wenn man von der Maßgeblichkeit der Handelsbilanz für die Steuerbilanz spricht, sind die handelsrechtlichen und steuerrechtlichen Bestimmungen nicht immer gleich. Das liegt an dem Interessenkonflikt zwischen Handelsrecht und

Steuerrecht. Während das Handelsrecht die vorsichtige Bilanzierung und Bewertung als oberstes Gebot ansieht, ist das Steuerrecht natürlich darauf bedacht, möglichst Steuerreduzierungen durch überhöhte Aufwendungen zu vermeiden und zu verhindern. Deshalb stellt das Steuerrecht auch speziell bei der Bildung von Rückstellungen höhere Ansprüche als das Handelsrecht.

Ich erwähnte bereits, dass Wahlrückstellungen, also Rückstellungen mit Passivierungswahlrecht, wie es die Rückstellung für unterlassene Instandhaltung war, die auch noch über die 3 Monate hinaus, aber im Laufe des folgenden Jahres nachzuholen war, auch handelsrechtlich in Zukunft, in diesem Falle ab dem Jahre 2010, nicht mehr zulässig sind. Steuerrechtlich waren diese Wahlrückstellungen nach Handelsrecht auch vorher schon nicht zulässig. Natürlich gehört es zu einer guten Bilanzpolitik, die gesetzlichen Möglichkeiten optimal im Sinne und zum Wohle des Unternehmens auszuschöpfen. Dazu gehört es selbstverständlich auch, zum Beispiel bei guter Ertragslage den steuerlichen Bilanzgewinn zu reduzieren und somit eine niedrigere Steuer für das Unternehmen zu erreichen.

17.2 Buchung von Rückstellungen

Buchhalterisch halten wir fest, dass es sich bei den Rückstellungen um geschätzte Verbindlichkeiten handelt, deren Gegenposten als Aufwand des laufenden Jahres gewinnmindernd ist. Der Buchungssatz ist also grundsätzlich:
- Per Aufwandskonto an Rückstellungskonto.

Sehen wir uns hierfür nachstehend ein paar Beispiele an:

Beispiel 1

Wir sind in einen schwebenden Rechtsstreit involviert und schätzen hierfür die Prozesskosten auf 3000 Euro.
Buchung:
- Allgemeine Verwaltungskosten (oder Rechtskosten) an Sonstige Rückstellungen 3000 Euro.
- Gewinn und Verlustrechnung an Allgemeine Verwaltungskosten 3000 Euro.
- Sonstige Rückstellungen an Schlussbilanz 3000 Euro.

Beispiel 2

Wir schätzen die für das laufende Jahr noch zu zahlenden Betriebssteuern auf 2500 Euro.
Buchung:
- Betriebssteuern an Steuerrückstellungen 2500 Euro.
- Gewinn und Verlustrechnung an Betriebssteuern 2500 Euro.
- Steuerrückstellungen an Schlussbilanz 2500 Euro.

Hierzu ist anzumerken, dass man die Rückstellungen in drei Hauptgruppen unterteilt, und zwar:
- Pensionsrückstellungen,
- Steuerrückstellungen,
- Sonstige Rückstellungen.

Beispiel 3

Die Kosten für eine im ablaufenden Geschäftsjahr unterlassene Instandhaltungsmaßnahme schätzen wir auf 7000 Euro.
Buchung:
- Instandhaltung an Sonstige Rückstellungen 7000 Euro.
- Gewinn und Verlustrechnung an Instandhaltung 7000 Euro.
- Sonstige Rückstellungen an Schlussbilanz 7000 Euro.

Natürlich spricht nichts dagegen, die Sonstigen Rückstellungen eindeutig zu benennen, in diesem Fall also „Rückstellungen für Instandhaltung".

Beispiel 4

Zum Bilanzstichtag ermitteln wir die von den Mitarbeitern noch nicht in Anspruch genommenen Urlaubstage anhand der Gehalts- oder Lohngruppen mit 12.000 Euro.

Buchung:
- Sonstige Personalkosten an Sonstige Rückstellungen (oder Urlaubsrückstellungen) 12.000 Euro.
- Gewinn und Verlustrechnung an Sonstige Personalkosten 12.000 Euro.
- Sonstige Rückstellungen an Schlussbilanz 12.000 Euro.

Wie Sie an diesen vier Beispielen sehen, ist die Handhabung immer die gleiche. Wir schätzen einen dem alten Jahr zuzuordnenden Aufwand und buchen diesen Aufwand bei gleichzeitiger Passivierung einer Rückstellung als Verbindlichkeit.
Wenn wir die Rückstellungen gesetzeskonform und richtig gebildet haben, sollten sie im folgenden Jahr in Anspruch genommen werden. Bevor ich darauf eingehe und wir uns mit dem der Rückstellungsbildung folgenden Geschäftsjahr befassen, möchte ich erwähnen, dass es sich bei den Pensionsrückstellungen etwas anders verhält. Bei der Pensionsrückstellung ist eine mathematische Berechnung erforderlich, da die zukünftige Rentenverpflichtung zum sogenannten Barwert zu bilanzieren ist. Hierzu erfolgt eine Kapitalisierung bzw. Abzinsung, um den vermeintlich richtigen Wert für die zukünftige Verbindlichkeit an Pensionen zu ermitteln. Dem voraussichtlichen Pensionsanspruch entsprechend erfolgt eine jährliche Zuführung zur Pensionsrückstellung. In Höhe der jährlichen Zuführung wird gebucht: Sonstige Personalkosten „Kosten der Altersversorgung" an Pensionsrückstellungen.

17.3 Vorgänge und Buchungen im Folgejahr

Es ist ja die Besonderheit der Rückstellung, dass die Höhe des Aufwandes bei Bildung der Rückstellung ungewiss war. Die Konsequenz daraus ist, dass der tatsächliche Aufwand im Folgejahr nicht genau mit der gebildeten Rückstellung übereinstimmt.

Bei der Inanspruchnahme der Rückstellung im Folgejahr haben wir also grundsätzlich drei Möglichkeiten:
- Die Rückstellung entspricht der Inanspruchnahme.
- Die Rückstellung ist größer als die Inanspruchnahme.
- Die Rückstellung ist kleiner als die Inanspruchnahme.

Wenn die Höhe der Rückstellung exakt der Inanspruchnahme entspricht, löst sich das Rückstellungskonto durch die Buchung der Inanspruchnahme auf. Daraus ergibt sich die Buchung:
– Rückstellungen und ggf. Vorsteuer an Verbindlichkeiten bei Buchung einer Eingangsrechnung

oder bei Direktzahlung:
– an Bank.

Ist die Rückstellung größer als die Inanspruchnahme, macht dies eine teilweise Auflösung der Rückstellung erforderlich. Hierfür wird ein Konto „Erträge aus der Auflösung von Rückstellungen" geführt, das zu dem Bereich der außerordentlichen Erträge gehört.

Die Buchung ist in diesem Fall:
– Rückstellungen und ggf. Vorsteuer an Verbindlichkeiten (in Höhe der Eingangsrechnung)

sowie
– Rückstellungen an Erträge aus der Auflösung von Rückstellungen.

Wenn die Rückstellung kleiner ist als die Inanspruchnahme, dann reicht sie zur Deckung des tatsächlichen Aufwands nicht aus. Da es sich ja um einen Aufwand handelt, der das zurückliegende Jahr betrifft, ist der über die Inanspruchnahme der Rückstellung hinausgehende Betrag als periodenfremder Aufwand zu buchen.

Die Buchung lautet also:
– Rückstellungen und periodenfremder Aufwand und ggf. Vorsteuer an Verbindlichkeiten im Fall einer Eingangsrechnung – sonst an Bank.

17.4 Übungsaufgaben

Kommen wir noch einmal auf die Beispiele 1–3 zurück, für die wir in Abschnitt 17.2 die Buchungssätze im Rahmen des Jahresabschlusses gebildet hatten, und verfolgen wir sie im neuen Jahr.

Beispiel 1

Wir sind in einen schwebenden Rechtsstreit involviert und schätzen hierfür die Prozesskosten auf 3000 Euro.
Buchung:
- Allgemeine Verwaltungskosten (oder Rechtskosten) an Sonstige Rückstellungen 3000 Euro.
- Gewinn und Verlustrechnung an Allgemeine Verwaltungskosten 3000 Euro.
- Sonstige Rückstellungen an Schlussbilanz 3000 Euro.

Im Folgejahr werden wir tatsächlich mit Prozesskosten in Anspruch genommen, die per Banküberweisung von uns beglichen werden:
A) mit 3000 Euro.
B) mit 3800 Euro.
C) mit 2900 Euro.

Bilden Sie bitte zu diesen drei Möglichkeiten die Buchungssätze!

Beispiel 2

Wir schätzen die für das laufende Jahr noch zu zahlenden Betriebssteuern auf 2500 Euro.
Buchung:
- Betriebssteuern an Steuerrückstellungen 2500 Euro.
- Gewinn und Verlustrechnung an Betriebssteuern 2500 Euro.
- Steuerrückstellungen an Schlussbilanz 2500 Euro.

Auch hier gehen wir die drei Möglichkeiten durch; die im Folgejahr dafür zu zahlende Betriebssteuer wird wie folgt veranlagt und von uns ebenfalls per Banküberweisung bezahlt:
A) 2500 Euro.
B) 2700 Euro.
C) 2400 Euro.

Bitte bilden Sie wieder für diese drei Möglichkeiten die Buchungssätze!

Beispiel 3

Die Kosten für eine im ablaufenden Geschäftsjahr unterlassene Instandhaltungsmaßnahme schätzen wir auf 7000 Euro.
Buchung:
- Instandhaltung an Sonstige Rückstellungen 7000 Euro.
- Gewinn und Verlustrechnung an Instandhaltung 7000 Euro.
- Sonstige Rückstellungen an Schlussbilanz 7000 Euro.

Ein typischer Fall für eine Pflichtrückstellung für eine unterlassene Instandhaltung liegt auch dann vor, wenn Reparaturarbeiten zum Beispiel am Gebäude im alten Jahr begonnen worden sind und wegen eines starken Wintereinbruchs unterbrochen werden müssen.

Hier ist zu beachten, dass die Inanspruchnahme bis zum 31.3. des Folgejahres erfolgt sein muss. Nehmen wir an, die Reparaturarbeiten sind bis Mitte März abgeschlossen und wir erhalten Ende März die Rechnungen der beteiligten Handwerkerfirmen. Diese belaufen sich jeweils zuzüglich 19 % Mehrwertsteuer auf netto:

A) 7000 Euro.
B) 8000 Euro.
C) 6000 Euro.

Bilden Sie bitte auch für diese drei Vorgänge die Buchungssätze!

17.5 Lösungen

Lösungen zu Beispiel 1

A:
- Sonstige Rückstellungen an Bank 3000 Euro.

B:
- Sonstige Rückstellungen 3000 Euro und periodenfremde Aufwendungen 800 Euro an Bank 3800 Euro.

C:
- Sonstige Rückstellungen an Bank 2900 Euro.
- Sonstige Rückstellungen an Erträge aus der Auflösung von Rückstellungen 100 Euro.

Lösungen zu Beispiel 2

A:
- Steuerrückstellungen an Bank 2500 Euro.

B:
- Steuerrückstellungen 2500 Euro und periodenfremde Aufwendungen 200 Euro an Bank 2700 Euro.

C:
- Steuerrückstellungen an Bank 2400 Euro.
- Steuerrückstellungen an Erträge aus der Auflösung von Rückstellungen 100 Euro.

Lösungen zu Beispiel 3

A:
- Sonstige Rückstellungen 7000 Euro und Vorsteuer 1330 Euro an Verbindlichkeiten 8330 Euro.

B:
- Sonstige Rückstellungen 7000 Euro und periodenfremde Aufwendungen 1000 Euro und Vorsteuer 1520 Euro an Verbindlichkeiten 9520 Euro.

C:
- Sonstige Rückstellungen 6000 Euro und Vorsteuer 1140 Euro an Verbindlichkeiten 7140 Euro.
- Sonstige Rückstellungen an Erträge aus der Auflösung von Rückstellungen 1000 Euro.

18 Rücklagen, Rückstellungen, Rückblick

„Rücklagen" und „Rückstellungen" ja, aber was hat denn „Rückblick" damit zu tun, werden Sie mit Recht fragen. Es fängt doch auch mit „Rück" an, ist das denn kein Argument für ein gemeinsames Kapital? Ich wollte es sogar **Kon**firmation, **Kon**serven und **Kon**tenplan nennen, weil alle drei Begriffe mit „Kon" beginnen, aber das erschien dem Verlag doch etwas übertrieben. Ob „Rück" oder „Kon", das kann man sich eigentlich als Kriterium für ein gemeinsames Thema und Kapital nicht vorstellen.

Ich nenne Ihnen ein weiteres Beispiel: **Rück**stellungen, **Rück**wärtsgang und **Rück**enschwimmer. Alle drei Worte beginnen mit „Rück", aber sie deshalb zu einem Kapitel zu vereinen, auf die Idee würde man wohl kaum kommen.

Warum erzähle ich Ihnen so einen scheinbaren Blödsinn? Weil auch die Begriffe Rückstellungen und Rücklagen beide mit dem Wortteil „Rück" beginnen und vielfach, wenn nicht überwiegend, in einem Kapitel abgehandelt werden. Viele werden jetzt mit Recht sagen: Das kann man doch nicht vergleichen! Natürlich kann man es nicht vergleichen; denn bei Rückstellungen und Rücklagen handelt es sich in beiden Fällen um Positionen der Bilanz.

Das ist zweifellos beim Rückwärtsgang und beim Rückenschwimmer nicht der Fall! Mehr Gemeinsamkeiten gibt es aber auch zwischen Rückstellungen und Rücklagen nicht. Im Gegenteil, sie sind sehr gegensätzlich; denn während es sich bei den im vorigen Kapitel abgehandelten Rückstellungen um Verbindlichkeiten und somit um Fremdkapital handelt, sind Rücklagen Eigenkapital!

Vielleicht erinnern Sie sich durch diesen kleinen Scherz, den ich mir mit dem „Rückblick" erlaubt habe, später daran, dass auch Rücklagen mit Rückstellungen nicht mehr gemeinsam haben als die Anfangsbuchstaben. Gut, auf einen kleinen Kompromiss lasse ich mich ein: Ich behandele das Thema Rücklagen mit Vanessa am gleichen Tag, an dem wir die Rückstellungen besprechen, mache also somit beide Kapitel zu unserem Thema des 14. Tages.

18.1 Rücklagen als Teil des Eigenkapitals

Bei Einzelunternehmen und Personengesellschaften ist die Bildung von Rücklagen nicht üblich, da hier der nicht entnommene Gewinn den Kapitalkonten zugeführt wird. Rücklagen werden bei Kapitalgesellschaften gebildet und sind separat neben dem festen, dem sogenannten „gezeichneten Kapital" auszuweisen. Wir kennen das im privaten Bereich, wenn wir sagen: „Wir legen uns eine Rücklage für schlechte Zeiten oder für den Bedarfsfall zurück." Ähnlich verhält es sich auch bei den Rücklagen im Unternehmen. Sie sind zusätzlich haftendes Kapital, das bei Bedarf im Fall erwirtschafteter Verluste vorrangig vor dem gezeichneten Nominalkapital zum Einsatz kommt.

Es gibt grundsätzlich stille und offene Rücklagen. Die stillen Rücklagen sind in der Bilanz nicht ersichtlich, sie entstehen durch eine niedrigere Bewertung von Vermögenswerten oder auch durch zu hohe Bewertungen der Verbindlichkeiten, wie zum Beispiel zu hohe Rückstellungen.

Bei den in der Bilanz offen ausgewiesenen Rücklagen unterscheidet man zwischen der Kapitalrücklage und der Gewinnrücklage.
Die Rücklage soll der Selbstfinanzierung und der Sicherung künftiger Verluste dienen. § 150 AktG schreibt für Aktiengesellschaften vor, dass zusammen mit der Kapitalrücklage eine Rücklage in Höhe von 10 % des Grundkapitals zu bilden ist. Bis dieser Wert oder ein laut Satzung höher beschlossener Wert erreicht ist, **müssen** 5 % des jeweiligen Jahresüberschusses der gesetzlichen Rücklage zugeführt werden.
Warum braucht Vanessa für ihren Weinladen keine Rücklagen zu bilden? Bei Vanessas Weinladen ist es ja so, dass das Ergebnis der Gewinn- und Verlustrechnung an das Konto Eigenkapital abschließt. Damit verändert sich also in jedem Jahr ihr Eigenkapital um den Gewinn – in schlechten Jahren auch um den Verlust. Und wie wir wissen, verändert es sich auch um das Privatkonto. Bei den Kapitalgesellschaften ist das anders, da gibt es ein haftendes Grundkapital oder Stammkapital, das in seiner Höhe festgesetzt ist. Wenn Gewinne in den Aktiengesellschaften erwirtschaftet werden, warten die Aktionäre auf ihre Tantieme. Zur Sicherung des Unternehmens mischt sich da der Gesetzgeber ein und verhindert die völlige Ausschüttung der Gewinne, indem er den Aktiengesellschaften vorschreibt, zunächst 5 % aus dem Gewinn einer Rücklage zuzuführen, bis diese die erwähnten 10 % des Grundkapitals erreicht hat.
Gesetzliche Rücklagen und Kapitalrücklagen dürfen nur zum Verlustausgleich verwendet werden!
Wie im Privatbereich geht es also auch hier darum, durch die Rücklage für schlechte Zeiten vorzusorgen.
Bei Bildung der gesetzlichen Rücklage ist zu buchen:
– Gewinn- und Verlustkonto an Gesetzliche Rücklage.

Wird eine gesetzliche Rücklage zum Verlustausgleich verwendet, ergibt sich die Buchung:
– Gesetzliche Rücklage an Gewinn- und Verlustkonto.

Im Gegensatz zu der **Gewinnrücklage,** die aus dem Jahresgewinn gebildet wird, fließt bei der **Kapitalrücklage** dem Unternehmen Geld von außen zu. Und zwar bei der Ausgabe von Anteilen erzieltes Aufgeld (Agio), das über den Nennbetrag hinausgeht, bei Zuzahlungen für Vorzugsaktien und anderen Zuzahlungen der Gesellschafter in das Eigenkapital.
Neben der gesetzlichen Rücklage können aus dem Reingewinn auch sogenannte freie Rücklagen gebildet werden. Im Gegensatz zur gesetzlichen Rücklage, die ausschließlich zur Verlustabdeckung verwendet werden darf, kann das Unternehmen über die freien Rücklagen verfügen. Deshalb werden freie Rücklagen vielfach auch zweckgebunden gebildet, das heißt, es werden nach Ermessen der Geschäftsleitung für bestimmte Maßnahmen Teile des Gewinns in eine separate Rücklage ein-

gestellt. Zum Beispiel könnten freie Rücklagen der Erneuerung von Anlagen oder Gebäuden dienen.

Was bei der Aktiengesellschaft das Grundkapital ist, das ist bei der GmbH das Stammkapital. Auch das Stammkapital der GmbH bleibt von Gewinnen und Verlusten unverändert. Obwohl das Aktienrecht die gesetzliche Rücklage ausschließlich für die Aktiengesellschaften fordert, bilden auch Gesellschaften mit beschränkter Haftung Rücklagen zur Zukunftssicherung und zur besonderen Verwendung aus ihrem Gewinn.

So, nach diesen vielen Rückstellungen und Rücklagen kann nun auch Vanessa den Rückwärtsgang einlegen und die Rückreise antreten. Schließen wir mit einem Zitat des Dichters Friedrich Rückert:
„Am Abend wird man klug für den vergangenen Tag,
doch niemals klug genug für den, der kommen mag."

19 Noch mehr Übungen!

„Wie geht es Ihnen?" – „Haben Sie Lust?" – „Waren alle lieb zu Ihnen?" So fangen unsere Nachhilfestunden an. Das ist auch heute in der 15. Stunde nicht anders. Mein alkoholfreies Bier steht um diese Zeit schon auf dem Tisch. Als Junge des Ruhrgebietes trinke ich das Bier aus der Flasche, das versteht sich von selbst. Vanessa zieht ein Glas Mineralwasser vor. Das sind so die kleinen Dinge, die wir uns angewöhnt haben und mit denen wir uns die Buchführung noch schöner machen, als sie ohnehin schon ist. *„Ein Wässerchen für Vanessa'chen!"* – Dann können wir anfangen.

In den letzten Stunden bestand die Aufgabe von Vanessa überwiegend darin, mir zuzuhören. Wir haben viel neuen Stoff durchgesprochen. Heute wird Vanessa den Hauptanteil der Arbeit übernehmen. Das kennen Sie aus der Schule, wenn eine Arbeit geschrieben wird. Der Lehrer verteilt die Aufgaben, und während Sie mit rotem Kopf, feuchten Händen und hohem Puls über den Geschäftsvorfällen, Buchungssätzen und Abschlussbuchungen schwitzen, sitzt der Lehrer die ganze Stunde da vorne rum, guckt ab und zu, ob Sie nicht zwischendurch mal ihrem Nachbarn eine Frage stellen, unterbindet das und wird auch noch dafür bezahlt. So stressig machen wir das ja nicht. Aber wir machen mal wieder eine Übungsaufgabe mit Buchungssätzen und einem Jahresabschluss. Dabei werden wir alle Themen, die wir in den letzten Stunden erarbeitet haben, einfließen lassen. Es ist immer ein Unterschied zwischen dem, was man erklärt bekommt und dem, was man selbst macht. Und wenn dann noch eine gewisse Zeit dazwischen liegt, dann kommt schon mal die Überlegung: *„Wie war das noch?"*

19.1 Aufgaben

Ich greife zunächst auf eine frühere Aufgabe zurück, die wir schon einmal gelöst haben. Da hatten wir folgende vorläufige Summenbilanz, mit der wir auch diese Übung beginnen:

Vorläufige Summenbilanz

	Soll	Haben
Geschäftsausstattung	90.000,00	
Forderungen aus LuL	249.810,00	235.000,00
Zweifelhafte Forderungen	1190,00	
Bank	249.100,00	249.000,00
Kasse	144.200,00	137.400,00
Besitzwechsel	800,00	
Privatentnahme		
Wareneinkauf	306.000,00	1200,00
Bezugskosten	1840,00	
Gehälter	24.800,00	
Soz. Aufwendungen	4500,00	
Vorsteuer	3400,00	

Sonst. Ford. an Mitarbeiter	800,00	
Aktive Rechnungsabgrenzung		
Büromaterial	2000,00	
Porto	560,00	
Abschreibungen auf Anlagen		
Abschreibungen auf Forderungen		
Verbindlichkeiten LuL	304.000,00	323.860,00
Sonstige Verbindlichkeiten		
Kosten für Werbung	6000,00	
Kosten des Geldverkehrs		
Eigenkapital		105.110,00
Darlehen		
Schuldwechsel		
Steuerrückstellungen		
Sonstige Rückstellungen		
Passive Rechnungsabgrenzung		
Stromkosten	3600,00	
Mietaufwand	4800,00	
Betriebssteuern		
Noch abzuführende Abgaben	7500,00	7500,00
Mehrwertsteuer		3000,00
Pauschalwertber. a. Forderungen		
Zinsaufwendungen		
Warenverkauf		343.700,00
Allgem. Verw.Kosten	1000,00	
Zinserträge		280,00
Haus- und Grundstückserträge		
Sonstige Erträge		60,00
Sonst. Aufwendungen	210,00	
	1.406.110,00	1.406.110,00

Übertragen Sie bitte zunächst die Summen auf die entsprechenden Konten. (T-Konten).
Anschließend verbuchen Sie bitte folgende Geschäftsvorfälle:
1. Barverkauf 100,00 Euro zuz. 19 % MwSt.
2. Bareinzahlung bei der Bank 5000,00 Euro.
3. Gehaltszahlung: 1100,00 Euro brutto
    53,00 Euro Lohnsteuer
    5,30 Euro Kirchensteuer
  je 120,72 Euro Soz. Abgaben
    (Arbeitgeber und Arbeitnehmeranteil)
    400,00 Euro einbehaltener Vorschuss.
4. Im Bankauszug sind gebucht:
    a) Netto-Gehalt belastet mit 520,98 Euro.
    b) Bareinzahlung gutgeschrieben 5000,00 Euro.

Aufgaben

5. Auf die Anschaffungskosten der Geschäftsausstattung in Höhe von 100.000,00 Euro sind 10 % AfA direkt und linear für das laufende Jahr zu buchen.
6. Ein Kunde kauft Ware für 10.000,00 Euro zuzüglich 19 % MwSt, die er in 4 Wochen bezahlen will.
7. Ein Mitarbeiter bekommt einen Barvorschuss in Höhe von 300,00 Euro.
8. Der Inventurwert der Vorräte beträgt 30.000,00 Euro.
9. Die Eingangsrechnung über Lagerregale 10.000,00 Euro zuz. 1900,00 Euro MwSt ist noch zu buchen.
10. Der Mietwert der privat genutzten Geschäftsräume beträgt 3600,00 Euro.
11. Ein Kunde hat Konkurs angemeldet. Die Forderung beträgt 2000,00 Euro zuz. 380,00 Euro MwSt.
12. Wir bilden eine Pauschalwertberichtung auf Forderungen in Höhe von 4000,00 Euro.
13. Aus unserer zweifelhaften Forderung in Höhe von 1190,00 Euro gehen bei der Bank 357,00 Euro ein. Der Rest ist uneinbringlich.
14. Das Konkursverfahren mit unserer Forderung gem. Nr. 11 über 2380,00 Euro wird mangels Masse eingestellt.
15. Für die gebuchte Rechnung der Lagerregale gem. Nr. 9 über 11.900,00 Euro akzeptieren wir einen Schuldwechsel.
16. Wir legen der Bank einen Besitzwechsel über 800,00 Euro zum Diskont vor. Die Bank berechnet 15,00 Euro Wechseldiskont und 10,00 Euro Wechselspesen.
17. Privatentnahme von Waren zum Einstandspreis von 100,00 Euro zuz. 19 % MwSt.
18. Der Inhaber bezahlt das Strafmandat „Knöllchen" von seiner Kegeltour per Überweisung vom geschäftlichen Bankkonto mit 25,00 Euro.
19. Die Miete für Januar des nächsten Jahres in Höhe von 400,00 Euro wurde von uns schon im Dezember gebucht und bezahlt.
20. In den Zinserträgen ist ein Anteil von 40,00 Euro für die Monate Januar und Februar des nächsten Jahres schon an uns bezahlt und gebucht.
21. Wir haben ein Darlehen über 20.000,00 Euro aufgenommen, das unserem laufenden Bankkonto gutgeschrieben worden ist.
22. Die anteiligen Darlehenszinsen für das alte Jahr in Höhe von 120,00 Euro zahlen wir erst im nächsten Jahr.
23. Für einen schwebenden Rechtsstreit schätzen wir die Prozesskosten auf 2400,00 Euro.
24. Die im nächsten Jahr für dieses Jahr zu zahlenden Betriebssteuern schätzen wir auf 1900,00 Euro.

Schließen Sie nun bitte alle Konten ab und erstellen Sie die Schlussbilanz und die Gewinn- und Verlustrechnung.

19.2 Lösungen

Buchungssätze:

1. Kasse 119,00 Euro
   an Warenverkauf 100,00 Euro
   und MwSt 19,00 Euro
2. Geldtransit an Kasse 5000,00 Euro
3. Gehälter 1100,00 Euro
   an Verbindlichkeiten Finanzamt w. Lohnsteuer 58,30 Euro
   Noch abzuführende Abgaben Soz.Vers. 120,72 Euro
   Sonst. Forderungen an Mitarbeiter 400,00 Euro
   Lohnabrechnungskonto 520,98 Euro
   Wenn man ein Konto braucht, das man noch nicht hat,
   dann muss man es einrichten!
   Und für den Arbeitgeberanteil der Sozialversicherung:
   Soziale Abgaben an Noch abzuführende Abgaben Soz.Vers. 120,72 Euro
4. Lohnabrechnungskonto an Bank 520,98 Euro
   Bank an Geldtransit 5000,00 Euro
5. Abschreibungen auf Anlagen an Gesch.Ausst. 10.000,00 Euro
6. Forderungen a. LuL 11.900,00 Euro
   an Warenverkauf 10.000,00 Euro
   und MwSt 1900,00 Euro
7. Sonst. Forderungen an Mitarbeiter an Kasse 300,00 Euro
8. Der Inventurbestand der Vorräte ist zwangsläufig der zu bilanzierende Wert der Vorräte. In unserem Beispiel sind die Wareneinsätze bisher nicht gebucht worden, sodass die Konten Wareneinkauf und Warenverkauf um die Einstandspreise der verkauften Erzeugnisse noch zu korrigieren sind. Da das Konto Bezugskosten auch noch einen Saldo ausweist (1840,00 Euro), ist dieser zunächst über das Konto Wareneinkauf abzuschließen.
   Wareneinkauf an Bezugskosten 1840,00 Euro
   Warenverkauf an Wareneinkauf 276.640,00 Euro
9. Betriebs- und Gesch.-Ausst. 10.000,00 Euro
   und Vorsteuer 1900,00 Euro
   an Verbindlichkeiten aus LuL 11.900,00 Euro
10. Privatentnahme an Haus- und Grundstückserträge 3600,00 Euro
11. Zweifelhafte Forderungen an Forderungen a. LuL 2380,00 Euro
12. Abschreibungen auf Forderungen an Pauschalwertberichtigung zu Forderungen 4000,00 Euro
13. Bank an Zweifelhafte Forderungen 357,00 Euro
    Abschreibung a. Forderungen 700,00 Euro
    und MwSt 133,00 Euro
    an Zweifelhafte Forderungen 833,00 Euro

Lösungen

14. Abschreibung a. Forderungen 2000,00 Euro
    und MwSt 380,00 Euro
    an Zweifelhafte Forderungen   2380,00 Euro
15. Verbindlichkeiten aus LuL an Schuldwechsel   11.900,00 Euro
16. Bank 775,00 Euro, Zinsaufwand 15,00 Euro
    und Kosten des Geldverkehrs 10,00 Euro
    an Besitzwechsel   800,00 Euro
17. Privatentnahme 119,00 Euro
    an Warenverkauf   100,00 Euro
    und MwSt   19,00 Euro
18. Privatentnahme an Bank   25,00 Euro
19. Aktive Rechnungsabgrenzung an Mietaufwand   400,00 Euro
20. Zinserträge an Passive Rechnungsabgrenzung   40,00 Euro
21. Bank an Darlehen   20.000,00 Euro
22. Zinsaufwand an Sonstige Verbindlichkeiten   120,00 Euro
23. Allg. Verw.Kosten an Sonst. Rückstellungen   2400,00 Euro
24. Betriebssteuern an Steuerrückstellungen   1900,00 Euro

Die Privatentnahme betrug insgesamt   3744,00 Euro
Buchung: Eigenkapital an Privatentnahme   3744,00 Euro

Gewinn- und Verlustrechnung an Eigenkapital   11.724,28 Euro

Gewinn- und Verlustrechnung

Löhne und Gehälter	25.900,00	Warenverkauf	77.260,00
Sozialabgaben	4620,72	Sonst. Erträge	60,00
Büromaterial	2000,00	Zinserträge	240,00
Porto	560,00	Haus- u. Grundst.Erträge	3600,00
AfA	10.000,00		
Abschr. a. Forderungen	6700,00		
Werbung	6000,00		
Strom	3600,00		
Allgem. Verw.Kosten	3400,00		
Mietaufwand	4400,00		
Zinsaufwand	135,00		
Kosten des Geldverk.	10,00		
Betriebssteuern	1900,00		
Sonst. Aufwend.	210,00		
Gewinn	11.724,28		
	81.160,00		81.160,00

Schlussbilanz

Geschäftsausstattung	90.000,00	Eigenkapital	113.090,28
Forderungen LuL	24.330,00	Darlehen	20.000,00
Ford. Finanzamt Vorst.	875,00	Verb. a. Warenlief.	19.860,00
Sonst. Forderungen	700,00	Schuldwechsel	11.900,00
Waren	30.000,00	Steuerrückstellungen	1900,00
Bank	25.686,02	Sonst. Rückstellungen	2400,00
Kasse	1619,00	Sonst. Verb. Finanzamt	58,30
Aktive Rechnungsabgr.	400,00	Sonst. Verbindlichkeiten	120,00
		Noch abzuf. Soz.Abgaben	241,44
		Pauschalwertber. Ford.	4000,00
		Passive Rechungsabgr.	40,00
	173.610,02		173.610,02

20 Bilanzanalyse

„Ich kann Bilanzen lesen!" – Diesen Ausspruch haben Sie vielleicht auch schon einmal gehört. Und wenn dann noch Begriffe wie „Bilanzanalyse", „Betriebliche Kennziffern" oder „Externe Bilanzkritik" folgen, dann sollen Sie vor Ehrfurcht und Bewunderung erstarren. Bilanzen lesen! Boh!!! Ein Buch lesen können Sie ja auch. Auch eine Zeitung oder eine Packungsbeilage. Das kennen Sie aus der Fernsehwerbung: „Lesen Sie die Packungsbeilage oder fragen Sie Ihren Arzt oder Apotheker." Das kennen wir alle. Aber eine Bilanz lesen? –

Ich verspreche Ihnen: Das können Sie auch! Nachdem Sie im letzten Kapitel so viel arbeiten mussten und unendlich viele Buchungssätze gebildet und Konten abgeschlossen haben, machen wir heute einfach mal eine Bilanzanalyse. Warum machen wir das? Wozu eigentlich eine Bilanzanalyse? – „Warum machen wir das?" ist immer eine nützliche Frage; denn die Antwort brauchen wir meistens zur Motivation. Ich mache etwas, weil es mir Spaß macht. Das reicht natürlich auch. Aber es gibt Dinge, denen wir zunächst nicht unbedingt einen richtigen Spaß abgewinnen können. Solche Dinge haben oft etwas mit Arbeit zu tun. Warum geht Vanessa manchmal in die Disko? Da reicht die Antwort wahrscheinlich schon aus. Weil es ihr Spaß macht. Der Förster sagt sogar, seine Arbeit macht ihm Spaß. Da ist Beruf dann gleich Berufung. Aber wer fühlt sich schon zur Bilanzanalyse berufen? Sie macht uns vermutlich nicht so viel Spaß, wie dem Förster der Gang durch den Wald. Dann brauchen wir eine andere Antwort auf die Frage „warum?". Macht es eigentlich Spaß, einen Nagel in die Wand zu kloppen? Auch nicht so richtig, oder? Mir jedenfalls nicht. Aber wenn das schöne Foto von Deinem Schatz da hängen soll, dann machst Du es sogar gerne. Bevor wir einen Nagel in die Wand hauen, wollen wir einen Sinn darin sehen. Und so ist es mit vielen Arbeiten, die wir zu verrichten haben. Wenn wir einen Sinn darin sehen, die Bilanz zu analysieren, dann wird uns das schon viel sympathischer.

Was ist eine Bilanzanalyse? Pauschal gesagt ist sie eine Untersuchung der Bilanz in formeller und materieller Hinsicht. Salopp gesagt soll die Bilanzanalyse Auskunft darüber geben, ob das Unternehmen „gesund" ist. Mit ihr sollen die Vermögenslage, die Finanzlage und die Ertragslage beurteilt werden. Wenn wir also nach dem „Warum" gefragt haben, lautet die Antwort: Um uns selbst, den Anteilseignern und Kreditgebern gleichermaßen einen Einblick in die aktuelle Lage und Struktur des Unternehmens zu geben.

Die Bilanzanalyse erfolgt anhand von Kennzahlen bzw. Betrieblichen Kennziffern. Zu diesem Zweck bereitet man die Bilanz auf, das heißt, dass die einzelnen Bilanzpositionen zu Gruppen zusammengefasst werden, um das Zahlenmaterial überschaubarer zu machen.

20.1 Beispiel einer aufbereiteten Bilanz

Aktiva/Vermögenswerte

	Euro	(Vorjahr)	%	(Vorjahr)
Sachanlagen	80.000	(80.000)	75,5	(80,8)
Vorräte	5000	(4000)	4,7	(4,0)
Forderungen aus LuL	18.000	(13.000)	17,0	(13,2)
Geldmittel	2000	(1000)	1,9	(1,0)
Sonst. Vermögensgegenst.	1000	(1000)	0,9	(1,0)
	106.000	(99.000)	100,0	(100,0)

Passiva/Vermögensquellen

Eigenkapital	79.000	(71.000)	74,5	(71,7)
Langfrist. Verbindlichk.	6000	(7000)	5,7	(7,1)
Rückstellungen	9000	(8000)	8,5	(8,1)
Kurzfristige Verbindlichk.	12.000*	(13.000)	11,3	(13,1)
	106.000	(99.000)	100,0	(100,0)

* Davon 5000 Euro aus Lieferungen und Leistungen

Aus der so aufbereiteten Bilanz erstellen wir nun auch noch eine Bewegungsbilanz, in der wir die wertmäßige Veränderung zum Vorjahr darstellen.

20.2 Bewegungsbilanz

Aktiva/Vermögenswerte

Sachanlagen	0
Vorräte	+ 1000
Forderungen aus LuL	+ 5000
Geldmittel	+ 1000
Sonst. Vermögensgegenst.	0
	+ 7000

Passiva/Vermögensquellen

Eigenkapital	+ 8000
Langfrist. Verbindlichk.	./. 1000
Rückstellungen	+ 1000
Kurzfristige Verbindlichk.	./. 1000
	+ 7000

Auch ohne Betriebliche Kennziffern gebildet zu haben, können wir aus dieser Bewegungsbilanz bereits erste Erkenntnisse über die Entwicklung im abgelaufenen Geschäftsjahr ableiten.

Substanz

Die Sachanlagen sind unverändert geblieben. Das bedeutet, dass Abschreibungen und Anlageabgänge durch Anlagezugänge kompensiert worden sind und somit die Substanz unvermindert erhalten blieb.

Liquidität

Die Liquidität I. Grades hat sich um 1000 Euro verbessert. Unter Einbeziehung der kurzfristigen Forderungen und der kurzfristigen Verbindlichkeiten hat sich die Liquidität II. Grades um 6000 Euro verbessert und die Gesamtliquidität, in die auch die Vorräte einzubeziehen sind, verbesserte sich um 7000 Euro. Diese Liquiditätsverbesserung korrespondiert eindeutig mit dem Eigenkapitalzuwachs in Höhe von 8000 Euro.

20.3 Betriebliche Kennziffern

Aus der aufbereiteten Bilanz bilden wir nun einige Betriebliche Kennziffern.

Finanzierung

Die Kennziffern der Finanzierung geben Auskunft über den Grad der finanziellen Abhängigkeit und über den Grad der Verschuldung.

$$\frac{\text{Eigenkapital}}{\text{Gesamtkapital}} \quad \frac{79.000}{106.000} = 0{,}745 \text{ Grad der finanziellen Abhängigkeit}$$

Ein Grad der finanziellen Abhängigkeit von 0,745 besagt, dass der Eigenkapital-Anteil 74,5 % beträgt.

$$\frac{\text{Fremdkapital}}{\text{Gesamtkapital}} \quad \frac{27.000}{106.000} = 0{,}255 \text{ Grad der Verschuldung}$$

Der Grad der Verschuldung von 0,255 besagt, dass der Fremdkapital-Anteil 25,5 % beträgt.

Wir sehen an diesen Kennziffern, wie das Unternehmen finanziert ist: Je höher der Grad der Verschuldung bzw. des Fremdkapital-Anteils ist, umso kritischer ist die Finanzierung des Unternehmens zu beurteilen. Je höher der Eigenkapital-Anteil ist, umso sicherer ist die Finanzierung des Unternehmens. Ein Eigenkapital-Anteil von 74,5 %, wie in diesem Beispiel, kann als gut bezeichnet werden.

Investierung

$$\frac{\text{Eigenkapital}}{\text{Sachanlagen}} \quad \frac{79.000}{80.000} = 0{,}988 \text{ Deckungsgrad der Sachanlagen durch Eigenkapital}$$

Die Sachanlagen sind somit mit 98,8 % durch Eigenkapital abgedeckt. Es hat sich der Ausdruck „goldene Bilanzregel" etabliert; danach sollten die Sachanlagen zu 100 % mit Eigenkapital finanziert sein. Der Deckungsgrad der Sachanlagen sollte also mindestens 1,0 sein, da das Anlagevermögen ständig dem Betrieb zu dienen hat. Mit 0,988 ist jedoch in unserem Beispiel die Unterschreitung dieser goldenen Regel relativ gering und kaum als kritisch zu betrachten.

$$\frac{\text{Umlaufvermögen}}{\text{Kurzfristiges Fremdkapital}} \quad \frac{26.000}{21.000} = 1{,}238 \text{ Sicherung der kurzfristigen Schulden}$$

Die kurzfristigen Verbindlichkeiten sind mit 123,8 % durch Umlaufvermögen abgedeckt. Insgesamt wäre die Investierung in diesem Beispiel als gut zu bezeichnen. Wenn wir uns die aufbereitete Bilanz ansehen, sind die Sachanlagen und Vorräte mit Eigenkapital und langfristigen Verbindlichkeiten exakt finanziert (85.000 Euro). Auch das entspricht der sogenannten „goldenen Bilanzregel", wonach das Anlagevermögen und dauernd gebundenes Umlaufvermögen zu 100 % durch Eigenkapital und langfristiges Fremdkapital finanziert sein sollten.

Struktur

$$\frac{\text{Sachanlagen}}{\text{Gesamtvermögen}} \quad \frac{80.000}{106.000} = 0{,}755 \text{ Rationalisierungsgrad}$$

Was hier als Rationalisierungsgrad bezeichnet wird, sagt aus, wie hoch der Anteil der Sachanlagen am Gesamtvermögen ist. In diesem Fall also 75,5 %. Der Rationalisierungsgrad ist natürlich in starkem Maße branchenabhängig. So muss zum Beispiel ein Fertigungsbetrieb in der Regel weit mehr in Sachanlagen investieren als ein Handelsbetrieb.

$$\frac{\text{Vorräte}}{\text{Umlaufvermögen}} \quad \frac{5000}{26.000} = 0{,}192 \text{ Grad der Lagerhaltung}$$

Der Anteil der Vorräte am Umlaufvermögen beträgt somit in diesem Fall 19,2 %. Auch hierfür kann es keine allgemeingültige Faustformel geben, welcher Grad der Lagerhaltung anzustreben ist. Da in den Vorräten Liquidität gebunden ist, sollte der Bestand nicht höher sein, als dies für einen reibungslosen Betriebsablauf notwendig ist.

$$\frac{\text{Forderungen}}{\text{Umlaufvermögen}} \quad \frac{19.000}{26.000} = 0{,}731 \text{ Grad der gewährten Kredite}$$

Mit dem Grad der gewährten Kredite ist der Anteil der vorfinanzierten Forderungen am Umlaufvermögen gemeint. Er beträgt hier in diesem Beispiel 73,1 %.

$$\frac{\text{Flüssige Mittel}}{\text{Umlaufvermögen}} \quad \frac{2000}{26.000} = 0{,}077 \text{ Anteil liquider Mittel}$$

Der Anteil der Geldmittel am Umlaufvermögen beträgt hier demnach 7,7 %. Dieser Anteil ist sehr gering, da in diesem Beispiel über mehr als 90 % des Umlaufvermögens nicht sofort verfügt werden kann.

Liquidität

$$\frac{\text{Liquide Mittel}}{\text{Kurzfrist. Verbindlichkeiten.}} \quad \frac{21.000}{12.000} = 1{,}750 \text{ Grad der Zahlungsbereitschaft}$$

Der Grad der Zahlungsbereitschaft besagt, wie die kurzfristigen Verbindlichkeiten durch liquide Mittel gedeckt sind. In diesem Fall mit 175,0 %. Unter Einbeziehung der Rückstellungen in die kurzfristigen Verbindlichkeiten wäre die Deckung exakt 100,0 %. Die liquiden Mittel reichen somit aus, die kurzfristigen Verbindlichkeiten zu bezahlen.

$$\frac{\text{Forderungen aus LuL}}{\text{Verbindlichkeiten aus LuL}} \quad \frac{18.000}{5000} = 3{,}600 \text{ Finanzdispositionsmaßstab}$$

Der Finanzdispositionsmaßstab besagt, in welcher Höhe die Verbindlichkeiten aus Lieferungen und Leistungen durch Forderungen aus Lieferungen und Leistungen gedeckt sind. Das sind in diesem Beispiel 360 %. Auch hierfür kann es keine Faustformel für „gut" oder „nicht gut" geben. Der Finanzdispositionsmaßstab ist im Zusammenhang mit dem Grad der Zahlungsbereitschaft zu sehen. Grundsätzlich wird eine Kennziffer von über 1,000 erstrebenswert sein, wobei es zu einer vernünftigen Finanz-Disposition gehört, die Forderungen möglichst schnell zu realisieren und bei den Verbindlichkeiten wegen der hohen Verzinsung darauf zu achten, möglichst unter Abzug von Skonto zu bezahlen, ansonsten jedoch maximale Zahlungsziele in Anspruch zu nehmen. Insofern lässt sich diese Kennziffer durch entsprechende Disposition beeinflussen.

Eine weitere Kennziffer der Liquidität ist der Maßstab der Kreditreserve. Dieser wird durch folgenden Ansatz ermittelt, für den wir in diesem Beispiel keine Werte vorgegeben haben:

$$\frac{\text{Verbindlichkeiten an die Bank}}{\text{Kreditlinie}} = \text{Maßstab der Kreditreserve}$$

Der Maßstab der Kreditreserve sagt aus, zu welchem Anteil die Kreditlinie in Anspruch genommen ist.

Rentabilität

Zur Rentabilitätsberechnung wird der Gewinn aus dem Eigenkapital herausgerechnet und dann der Mittelwert aus dem Eigenkapital des Vorjahres und dem Eigenkapital des laufenden Jahres als „durchschnittliches Eigenkapital" ermittelt. Ich gehe hier in dem Beispiel davon aus, dass der Eigenkapitalzuwachs in Höhe von 8000 Euro aus dem Gewinn resultiert.

$$\frac{\text{Bilanzgewinn}}{\text{Durchschnittl. Eigenkapital}} = \frac{8000}{75.000} = +0{,}107 \text{ Netto-Unternehmens-Rentabilität}$$

Die Netto-Unternehmensrentabilität sagt aus, wie hoch der Gewinn auf das durchschnittliche Eigenkapital ist. Das sind in unserem Beispiel 10,7 %. Die Rentabilität ist natürlich eine besonders wichtige „Größe" für die Gesellschafter bzw. Anteilseigner des Unternehmens, weil für sie neben der Sicherheit ihres Kapitals auch dessen Verzinsung von Bedeutung ist.

20.4 Externe Bilanz-Kritik

Die Kennziffern der Externen Bilanz-Kritik werde ich Ihnen ohne Zahlen erläutern, da wir hierzu Positionen aus der Gewinn- und Verlustrechnung heranziehen, die wir in unserem Beispiel nicht aufgeführt haben. Über die wesentlichen Kennziffern der Externen Bilanz-Kritik werde ich zu Ihrem besseren Verständnis jedoch die jeweiligen Ansätze als Bruchstrich darstellen.

$$\frac{\text{Betriebliche Erträge}}{\text{Durchschnittliches Eigenkapital}} = \text{Eigenkapital-Umschlag}$$

Die Zahl sagt also aus, wie oft das Eigenkapital im betrieblichen Ertragsbereich in dem Geschäftsjahr umgeschlagen worden ist. Ebenso ermittelt man den Umschlag des Umlaufvermögens mit folgender Formel:

$$\frac{\text{Betriebliche Erträge}}{\text{Umlaufvermögen}} = \text{Umschlag Umlaufvermögen}$$

$$\frac{\text{Betriebliche Erträge}}{\text{Personalkosten}} = \text{Arbeitsintensität}$$

Bei der Kennziffer „Arbeitsintensität" werden also die Personalkosten in Relation zu den Betrieblichen Erträgen gebracht.

$$\frac{\text{Erträge}}{\text{Aufwendungen}} = \text{Wirtschaftlichkeit}$$

Aus der Kennziffer, die sich aus den Gesamterträgen im Verhältnis zu den Gesamtaufwendungen errechnet, ergibt sich die Wirtschaftlichkeit des Unternehmens. Wenn das Unternehmen wirtschaftlich gearbeitet hat, ist die Kennziffer selbstverständlich größer als „1", das heißt, die Erträge sind größer als die Aufwendungen. Abschließend seien als weitere interessante Kennziffern der durchschnittliche Lagerbestand und die Umschlagshäufigkeit der Läger erwähnt. Sie sind deshalb von Bedeutung, weil sie Auskunft geben über die Kapitalbindung in den Vorräten.

Einen Begriff sollte ich noch erwähnen, das ist der sogenannte **„Cash Flow"**. Als Cash Flow bezeichnet man die ermittelte Differenz zwischen den zahlungswirksamen Aufwendungen und Erträgen. „Cash" gleich Kasse, „Flow" gleich Fluss. Bei diesem Finanzmittelfluss wird also der Finanzmittelüberschuss ermittelt. Geht man bei der Ermittlung des Cash Flow vom Jahresgewinn aus, so ist dieser um die nicht zahlungswirksamen Aufwendungen und Erträge zu bereinigen! Ein typisches Beispiel für nicht zahlungswirksame Aufwendungen sind die Abschreibungen. Diese wären also beispielsweise bei der Ermittlung des Cash Flow, ausgehend vom Jahresergebnis, diesem wieder zuzurechnen. Der Cash Flow gilt als Indikator für die Finanz- und Ertragskraft des Unternehmens.

Wegen der Stichtagbezogenheit der für die Bilanzanalyse verwendeten Zahlen des Jahresabschlusses bekommen die Kennziffern eine größere Aussagekraft, wenn wir sie über mehrere Perioden miteinander vergleichen und die Veränderungen interpretieren. Abgesehen von den Vergleichen von Betrieblichen Kennziffern über mehrere Jahre werden diese auch zum Vergleich mit anderen, „vergleichbaren" Unternehmen herangezogen. Auf derartige Beurteilungen und Betriebsvergleiche stützen zum Beispiel die Banken vielfach ihre Kreditentscheidungen. Um dabei zu einer wirklich objektiven Beurteilung zu kommen, reichen die Kennziffern alleine jedoch kaum aus. Das ist alleine schon deshalb nicht der Fall, weil jeder Betrieb anders ist und andere Strukturen und Abläufe hat, als dass man sie ohne weitergehende Informationen miteinander vergleichen könnte. Hier können die Kennziffern also lediglich Anhaltszahlen und Orientierungshilfen sein, die durch die Bilanz selbst, durch die Gewinn- und Verlustrechnung, nicht zu vergessen durch den Geschäftsbericht und ggf. weitergehende Erläuterungen zu interpretieren sind.

So, liebe Vanessa. Wenn Ihnen jetzt einer sagt, dass er Bilanzen lesen kann, dann sagen Sie nicht „Boh! Ist ja toll!" – Dann sagen Sie: „Ja und? Das kann ich auch. – Da erstell' ich mir zunächst eine aufbereitete Bilanz, dazu auch noch eine Bewegungsbilanz, aus der ich die Veränderung von Substanz und Liquidität ermittle. Und aus der aufbereiteten Bilanz bilde ich dann Betriebliche Kennziffern für Finanzierung, Investierung, Struktur, Liquidität und Rentabilität. – Wo ist das Problem? Ja gut, externe Bilanzkritik, Kapitalumschlag, Arbeitsintensität, Wirtschaftlichkeit, Lagerumschlagshäufigkeit … mit einem Wort: Bilanzanalyse. – Klar, den Cash Flow ermittle ich auch, das versteht sich von selbst."

Ja, Vanessa, das wäre doch eine gute Antwort, oder? Der sagt in Zukunft nicht mehr: „Ich kann Bilanzen lesen." – Wissen Sie, was der sagt? Der sagt: „Ich kenn' eine, die kann Bilanzen lesen."

21 Schlusswort – und tschüss

Dieses Buch sollte kein Schulbuch werden. Es soll auch kein Nachschlagewerk sein. Ich möchte ganz einfach damit erreichen, was ich in den 16 gemeinsamen Stunden mit Vanessa erreicht zu haben glaube: Dass Sie die Buchführung verstehen und sie Ihnen in Zukunft gleichermaßen leicht fällt und Spaß macht.

Mein Wunsch und Ziel ist es, dass Sie diesen gedanklichen Weg mitgehen und für die Dauer der Lektüre dieses Buches auch „die Vanessa" sind, die einen kleinen Weinhandel eröffnet und da ihre erste Eröffnungsbilanz und eigenen Geschäftsvorfälle erlebt. Lassen Sie sich auch von mir zu diesen 16 (Nach)Hilfestunden einladen und das Versprechen geben: Buchführung ist kinderleicht!

Vielleicht geben Sie selbst Nachhilfestunden im Rechnungswesen und können den einen oder anderen Tipp aus diesem Buch verwenden, wie man Buchführung leicht verständlich vermitteln und Schüler dafür begeistern kann.

Das Schlusswort dieses Buches gehört natürlich Vanessa, ohne die ich es ja gar nicht geschrieben hätte. Ich bin begeistert von ihrer Aufnahmefähigkeit und ihrer Lernbereitschaft. Und mit welcher Begeisterung Vanessa an all den 16 Abenden noch nach der Arbeit und der Berufsschule die Fahrt zu mir in Kauf genommen und den Stoff durchgearbeitet hat, das hat schon eine besondere Achtung verdient.

„Darf ich wiederkommen?", das war während der gesamten Zeit ihre Standardfrage. Ja, Vanessa, Sie dürfen wiederkommen. Auch jetzt, nachdem wir mit dem beabsichtigen Stoff so weit durch sind, dürfen Sie jederzeit wiederkommen. Jemandem Kenntnisse vermitteln zu können, ist auch eine Motivation. Und wenn Sie eines Tages inserieren „Kompetente Nachhilfe in Kosten- und Leistungsrechnung gesucht", kann es Ihnen durchaus passieren, dass ich wieder mit Ihrer Mutter telefoniert habe.

In diesem Sinne: Alles Gute und tschüss, Vanessa!

Glossar

Abgrenzungsposten: Posten der Rechnungsabgrenzung werden in der Bilanz aktiv oder passiv gebildet, um Aufwand und Ertrag periodengerecht abzugrenzen.

AfA: AfA bedeutet „Absetzung für Abnutzung". Es handelt sich dabei um die Abschreibung auf Posten des Anlagevermögens.

Aktiva: Linke Seite der Bilanz.

Aktiv-Passiv-Mehrung: Zunahme der Bilanzsumme.

Aktiv-Passiv-Minderung: Abnahme der Bilanzsumme.

Aktivtausch: Gleichzeitige Zu- und Abnahme zwischen Aktivposten der Bilanz.

Akzept: Schriftliche Annahmeerklärung auf einem Wechsel. Der akzeptierte Wechsel wird auch „Akzept" genannt.

Anlagennachweis: Aufstellung der Posten des Anlagevermögens mit Darstellung der Entwicklung von Anschaffungs- und Herstellungskosten und der Abschreibungen.

Anlagevermögen: Grundstücke, Gebäude, Maschinen, Einrichtung und Ausstattung usw., Aktivposten der Bilanz.

Besitzwechsel: Wertpapier als Zahlungsmittel im eigenen Besitz, Aktivposten der Bilanz.

Bezugskosten: Aufwand, der bei der Anschaffung eines Gutes zusätzlich zum Einkaufspreis entsteht, wie Frachten, Zölle, Rollgelder.

Bilanzanalyse: Untersuchung der Bilanz in formeller und materieller Hinsicht zur Beurteilung der Vermögens-, Finanz- und Ertragslage eines Unternehmens unter Zuhilfenahme von Kennzahlen und Betrieblichen Kennziffern.

Bonus: Sondervergütung, die einem Kunden nachträglich gewährt wird (man spricht auch von „Bonus" z. B. bei Sonderzahlungen an Aktionäre usw.).

Buchungskreise: Zur Vereinfachung der Verbuchung zusammengefasste Belegarten zu Gruppen, wie z. B. Eingangsrechnungen, Bankauszüge usw.

Cash Flow: Ermittlung des Finanzmittelüberschusses durch Gegenüberstellung von zahlungswirksamen Aufwendungen und Erträgen.

Debitoren: Forderungen aus Warenlieferungen und Leistungen, Aktivposten der Bilanz.

Delkredere: In der Buchführung bezeichnet man die Wertberichtigung von Forderungen als „Delkredere". Sie wird für drohende Forderungsausfälle gebildet und auf der Passivseite der Bilanz ausgewiesen.

Diskontierung: Verkauf eines später fällig werdenden Wechsels.

Doppik: Doppelte Buchführung, weil jeder Vorgang doppelt erfasst wird, nämlich im Soll und im Haben.

Dubiose Forderungen: Zweifelhafte Forderungen, die aufgrund des Ausfallrisikos als gesonderte Aktivposten in der Bilanz ausgewiesen werden müssen.

Durchlaufender Posten: Vereinnahmte oder verausgabte Posten für einen Dritten und somit als Sonstige Forderungen oder Sonstige Verbindlichkeiten auszuweisen.

Eigenkapital: Das vom Unternehmer im Unternehmen angelegte eigene Kapital. Eigenkapital ist eine Vermögensquelle und als Passivposten in der Bilanz auszuweisen.

Fremdkapital: Im Gegensatz zum Eigenkapital aufgenommene Schulden, also durch fremde Mittel aufgenommenes Kapital. Fremdkapital ist ebenfalls eine Vermögensquelle und als solche auch ein Passivposten der Bilanz.

Geldtransit: Unterkonto von Kasse oder Bank für noch nicht belastete oder gutgeschriebene Einzahlungen oder Abhebungen oder Überweisungen von eigenem Konto zu eigenem Konto.

GuV: Gewinn- und Verlustrechnung mit Gegenüberstellung von Aufwand und Ertrag zur Ermittlung des Jahresergebnisses. Die GuV ist ein Unterkonto vom Eigenkapital und schließt mit ihrem Saldo (Gewinn oder Verlust) auch dorthin ab.

Inventar: Bewertetes Verzeichnis aller Vermögensgegenstände und Schulden des Unternehmens.

Inventur: Die Tätigkeit zur Aufstellung des Inventars, also die körperliche Bestandsaufnahme von Vermögen und Schulden.

Kennzahlen/Kennziffern: Sie dienen der Betriebsanalyse bzw. Bilanzanalyse und sind in erster Linie Verhältniszahlen z. B. für Liquidität, Rentabilität und Wirtschaftlichkeit.

Konten: Zweiseitige Darstellung der Bewegungsvorgänge der einzelnen Vermögens-, Kapital- und Erfolgswerte. Die Konten sind eine aufgegliederte Bilanz in ihre einzelnen Positionen.

Kontokorrent: Kontokorrent ist die laufende Rechnung und Darstellung mit Lieferanten und Kunden, auch als Nebenbuchhaltung für Debitoren und Kreditoren bezeichnet.

Kreditoren: Verbindlichkeiten aus Lieferungen und Leistungen, Passivposten der Bilanz.

LUL: Verbindlichkeiten aus Lieferung und Leistungen.

Mehrwertsteuer: Es handelt sich um die Umsatzsteuer auf die getätigten Lieferungen und Leistungen. Der Begriff „Mehrwertsteuer" basiert darauf, dass tatsächlich nur der „Mehrwert" zu versteuern ist und die Steuer nach Abzug der Vorsteuer (siehe dort) zu entrichten ist.

Neutrale Aufwendungen: Aufwand, der nicht aus den betrieblichen Leistungen resultiert, sondern betriebsfremd, periodenfremd oder außerordentlich ist.

Nutzungsdauer: Das ist der Zeitraum, über den ein Wirtschaftsgut betrieblich genutzt werden kann, salopp gesagt „die gewöhnliche Lebensdauer" von Anlagegütern.

Optieren: Verzicht auf die Anwendung der Kleinunternehmerregel bei der Umsatzsteuer.

Passiva: Rechte Seite der Bilanz.

Passivtausch: Gleichzeitige Zu- und Abnahme zwischen Passivposten der Bilanz.

Periode: Zeitraum, Abrechnungsperiode. In der Buchführung ist damit in der Regel das Geschäftsjahr gemeint.

Rabatt: Prozentualer Abzug vom Kaufpreis, zum Beispiel für schnelle Zahlung (Skonto), als Mengenrabatt usw.

Rechnungswesen: Das Rechnungswesen ist die Gesamtheit der Aufzeichnungen aus Buchführung, Kostenrechnung, Statistik und Planungsrechnung.

Rohgewinn: Differenz zwischen Umsatzerlösen und Wareneinsatz.

Rollgeld: Hausfracht jeweils am Ort, also vom Lieferanten zum Versandbahnhof und vom Bestimmungsbahnhof zum Käufer (siehe Bezugskosten).

Rücklagen: Rücklagen sind gesetzlich oder freiwillig gebildete Teile vom Eigenkapital und somit auf der Passivseite der Bilanz auszuweisen.

Rückstellungen: Rückstellungen sind Fremdkapital. Sie werden z. B. für unterlassene Instandhaltung, für Prozesskosten, Steuern usw. gebildet und sind auf der Passivseite der Bilanz auszuweisen.

Saldo: Saldo ist der Betrag, um den eine Seite des Kontos größer ist als die andere. Bei Bestandskonten z. B. schließt dieser Saldo in die Schlussbilanz ab, bei Erfolgskonten in die Gewinn- und Verlustrechnung.

Schuldwechsel: Passivposten in der Bilanz für ein abgegebenes Zahlungsversprechen auf einem Wechsel.

Skonto: Von Lieferanten an Kunden gewährter Barzahlungsrabatt für Zahlung vor Fälligkeit.

Solawechsel: Solawechsel ist ein eigener Wechsel mit dem Zahlungsversprechen des Ausstellers.

Summenbilanz: Die Summenbilanz dient Jahres- und Zwischenabschlüssen. Sie ist eine Aufstellung aller Konten mit ihren Soll- und Habensummen.

Transitorische Posten: Bilanzpositionen für Aufwand oder Ertrag, deren Erfolg in einer späteren Periode als die Zahlung liegt (siehe Abgrenzungsposten). Sie dienen der Periodenabgrenzung.

Tratte: Die Tratte ist ein Schuldwechsel (s. dort).

Umsatzsteuer: Steuer auf Lieferungen und Leistungen eines Unternehmers gegen Entgelt (siehe auch Mehrwertsteuer und Vorsteuer).

Verbindlichkeiten: Im Geschäftsverkehr gleichzusetzen mit Schulden, als Passivposten in der Bilanz auszuweisen.

Vermögenswerte: Das zu einem bestimmten Zeitpunkt bewertete, dem Betrieb dienende Gesamtvermögen. Es ist die Summe aller Aktivposten der Bilanz.

Vorsteuer: Vorsteuer ist die Umsatzsteuer, die einem Unternehmer beim Erwerb von Lieferungen und Leistungen in Rechnung gestellt wird und die er gegen seine zu zahlende Umsatzsteuer verrechnet (siehe Mehrwertsteuer).

Wechsel: Der Wechsel ist ein Wertpapier mit dem Zahlungsversprechen, eine bestimmte Geldsumme zu zahlen (siehe auch Besitzwechsel, Diskontierung, Schuldwechsel, Solawechsel, Tratte, Wechseldiskont).

Wechseldiskont: Berechnete Zinsen bei der Diskontierung (siehe dort) eines Wechsels bis zur Fälligkeit.

Sachregister

A
Abgrenzungsposten der Jahresrechnung 109
Abschreibung
– auf das Anlagevermögen 26
– auf Forderungen 82
–, degressive 26 ff.
–, direkte 28
–, indirekte 28
–, kalkulatorische 28
–, lineare 26
– von Forderungen, indirekte 76, 80
Absetzung für Abnutzung 26
AfA 26
–, handelsrechtliche 28
–, steuerliche 28
AfA-Tabelle 27
Aktiva 6
Aktivkonten 6
Aktiv-Passiv-Mehrung 8
Aktiv-Passiv-Minderung 8
Aktivtausch 8, 13, 15
Akzept 84, 86
Anlagegüter 27
–, Amortisation 28
–, kurzfristige 28
–, langfristige 28
–, mittelfristige 28
Anlagennachweis 27, 29
Anlagespiegel 29
Anschaffungs- oder Herstellkosten 28 f.
Anteil liquider Mittel 141
antizipative Posten 111, 114
Arbeitsintensität 142
Artikelstamm 30
Artikelstammsätze 17
aufbereitete Bilanz 138
Aufwand 8
Aufwandsrückstellung 121
Aufwendungen und Erträge
–, betriebliche außerordentliche 69, 71
–, betriebsfremde 69 f.
–, neutrale 69, 71

B
Bankauszug 38
Belege
–, externe 35
–, interne 35
Besitzwechsel 85 ff.
Bestandsverzeichnis 3
Bestell-Intervalle 31
Bestellungen 30
betriebliche Kennziffern 137, 139
Betriebsergebnis 73
Betriebsvergleiche 143
Bewegungsbilanz 138
Bezogener des Wechsels 84
Bezugskosten 10 f., 31

Bilanzanalyse 137, 143
Bilanzposition, Veränderung der 7
Bonus 33
Buchführung
–, Aufgaben der 2, 7
–, doppelte 2
Buchungsbelege 35
Buchungskreise 36
Buchungssätze 7, 21, 134
–, Bildung 40
Bürokauffrau/Bürokaufmann, Zwischenprüfung 55

C
Cash Flow 143

D
Debitoren 39
Delkredere 76
Direkteinsatzmaterial 30
Diskont 91
Diskontierung 84, 91
Dubiose 75
durchlaufende Posten 30

E
Eigenkapital 5 ff.
Eigenkapitalmehrung 17
Eigenkapital-Umschlag 142
Eingangsrechnung 39
–, Verbuchung der 10
Einstandspreis 17
– der verkauften Ware 15
Einzelwertberichtigung 75 f.
Erfolgsrechnung, kurzfristige 31
Eröffnungsbilanz 5 f.
Eröffnungsbuchungen 7
Ersatzbeschaffung 27
Erstbeschaffung 27
Ertrag 8
externe Bilanzkritik 137, 142

F
Finanzdispositionsmaßstab 141
Finanzierung 139
Finanzmittelfluss 143
Finanz- und Ertragskraft 143
Forderungen
– aus Lieferungen und Leistungen 39
–, Abschreibung von 75
–, zweifelhafte und uneinbringliche 74
Fracht 11
freie Rücklage 129
Fremdkapital 5 ff.

G
Gehaltszahlung 21
Geldtransit 13, 15

Geschäftsvorfälle 7, 20, 40
gesetzliche Rücklage 129
Gewinn- und Verlustrechnung 23, 73, 135
Gewinnrücklage 129
gezogene Wechsel 86
Grad der
– gewährten Kredite 140
– Lagerhaltung 140
– Zahlungsbereitschaft 141
Grundsätze ordnungsgemäßer Buchführung 2

H
Haben 6
Haus- und Grundstücksaufwendungen und -erträge 69 f.

I
Inventar 2
Inventur 2
–, permanente 31
Investierung 139

K
Kapitalrücklage 129
Kassenausgänge 37
Kassenbuch 37
Kasseneingänge 37
Kassenkonto 7 f.
Kleinunternehmer 25 f.
Konten 6
Kontierungsbelege 40
Kontokorrent 39
Kosten des Geldverkehrs 89
Kreditoren 39

L
Lagerdisposition 31
Lagerkonten 30
Liquidität 139, 141
Lohnabrechnungskonto 30
Löhne und Gehälter 29

M
Mängelrüge 32
Marktwert 31
Maßstab der Kreditreserve 141
Materialeinsatz 18
Materialwirtschaft 17, 30 f.
Mehrwert 16
Mehrwertsteuer 10, 24
–, Fluss der 16
Mehrwertsteuerverprobung 83
Mengenrabatt 32
Mindestbestellmengen 31
Mitarbeiterrabatt 32

N
Netto-Unternehmens-Rentabilität 142
Neutrales Ergebnis 73
Niederstwertprinzip 31

Nutzungsdauer 26
–, betriebsgewöhnlich 28

O
Optieren für die Umsatzsteuerpflicht 26

P
Passiva 6
Passivkonten 6
Passivtausch 8
Pauschalwertberichtigung 75, 80, 82
Pensionsrückstellungen 123
Periodenabgrenzung 111, 114
–, antizipative 113
Personenkonto 39
Pflichtrückstellung 126
Poolbewertung 27
Privateinlage 94
Privatentnahme 94
Privatkonto 94

R
Rabatt 32
Rationalisierungsgrad 140
Rechnungsabgrenzung 109, 114
–, aktive 110
–, passive 111
Rechnungsabgrenzungsposten
–, aktive 109
–, passive 109
–, § 250 HGB 115
Rechnungsausgangsliste 39
Rechnungseingangsliste 40
Rentabilität 142
Restbuchwert 28 f.
Rohgewinn 16
Rollgeld 11
Rücklagen 128
–, stille und offene 128
Rückstellungen 119
–, Auflösung der 124
–, Buchung von 122
– für Instandhaltung 123
–, Inanspruchnahme der 124
–, § 249 HGB 119

S
Schlussbilanz 23, 136
Schulden 3
Schuldrückstellungen 121
Schuldwechsel 85 f., 88 f.
Sicherung der kurzfristigen Schulden 140
Skonto 33
Solawechsel 86
Soll 6
Sonstige
– Forderungen 111 ff.
– Rückstellungen 123
– Verbindlichkeiten 29, 111 ff.
Sozialversicherung

–, Arbeitgeberanteil 29
–, Arbeitnehmeranteil 29
Steuerrückstellungen 123
stille Reserven 29
Struktur 140
Substanz 139
Summenbilanz 19

T
transitorische
– Aktiva 110
– Passiva 111
– Posten 109, 111, 114
Tratte 86
Treuerabatt 32

U
Umsatzsteuer 24
Umschlag Umlaufvermögen 142
Umschlagsgeschwindigkeit 30
Umschlagshäufigkeit 30
Urlaubsrückstellungen 123

V
Verbindlichkeiten aus Lieferungen und Leistungen 10 f., 39
Verkaufserlös 17
Vermögen 3
Vermögensbewertung 31
Vermögensquelle 5 f., 8, 10

Vermögenswert 5 f., 8, 10, 15 f.
vorläufige Summenbilanz 131
Vorsteuer 10 f., 24

W
Waren 10 f.
Wareneinkauf 10, 15, 17, 30
Wareneinsatz 16 f.
Warenendbestand 17
Warenrohgewinn 15
Warenverkauf 15, 17, 30 f.
Wechsel, Einzug 89
Wechseldiskont 85
Wechselspesen 85, 87
Wechselstrenge 84
Wechselverkehr 84, 88
Wechseldiskont 87
Wertberichtigung
– auf das Anlagevermögen 29
– zu Forderungen 82
Wiederbeschaffungskosten 28
Wiederverkäuferrabatt 32
Wirtschaftlichkeit 142
Wirtschaftsgüter, geringwertige 27

Z
Zahllast 10, 16
Zinsaufwendungen und -erträge 69 f.
zweifelhafte Forderungen 82